町の電気屋VS巨大量販店1450日の攻防

常識をくつがえせ! 小さいは、強い

有限会社カデンのエトウ
江藤健続
Eto Taketsugu

Overturn common sense!
Small is strong

F
フローラル出版

はじめに

「九州の某地方都市で昭和の時代からつづく、町の小さな電気屋に、ある日一枚のチラシがとどく。それは、道路を隔てたすぐ目の前の空き地に、巨大な家電量販店が建設されるという知らせだった。創業五〇年目にして訪れた最大最悪の危機。片やスタッフわずか一〇名足らずの零細企業、片や日本最大級の家電量販店界の巨人。いわばこのアリと象の戦いに、当然ながら町中のだれもがアリの完全敗北を予想した。しかし、それから四年後、生き残っていたのはアリのほうだった――」

よくあるドラマの筋書きのようだと思われるかもしれませんが、これは実際に私の身に起きた出来事です。この「事件」のことを聞きつけ、興味をもった出版社が「そのことを本にしませんか」と声をかけてきてくれて、それを真《ま》に受けた私が怖いもの知らずで引き受けてしまった。この本が出版されたのにはそういった経緯があるのです。

いまでこそ笑い話にしていますが、当時は本当に戦々恐々の毎日でした。私たちを踏みつぶそうと迫りくる象の足音に怯《おび》えながら、なんとか知恵を絞ってその日その日を生き延びることに必死で、このままじゃ脳の血管が切れるんじゃないかと思っていたら本当に切れてしまい、生きるか死ぬかの大手術となり、それこそ生死の境をさまよったりということもありました。

その後遺症でいまでも麻痺《まひ》が残り、身体は少々不自由になりましたが、いまとなってはそんな経験も私にとって必要だったのだと、決して強がりではなく、心の底から確信しています。もし、あの一件がなければ、人生で本当に大事なことがなにかということに気づかなかっただろうし、こうして本を出版することもなかったでしょう。なにもないままぬるま湯につかっているうちに、今後ますます加速するネット時代の波に飲み込まれて、うちの店は市場から消え去っていたかもしれません。

これは経営のための書です。私が絶体絶命の危機から得た教訓や学びを、この本を読んでくださるみなさんに少しでも伝えることができればな、という思いで書かせてもらいました。これを読めばきっと、経済の荒波を乗りきるための貴重なノウハウを手に入れられるはずです。人生を一秒たりともむだにせず、生ききる——そんな勇気がみなさんに与えられればと思っています。

とはいうものの、文章を書く機会なんていうのは、せいぜいがブログくらいです。編集者の方に「どう書いていけばいいのかわからない」と申し上げたところ、だれでもいいので目の前にだれかがいると思って、その人に話しかけるような口調でそのまま書いてください。もちろん文章の細かなミスなどはこちらで修正なり加筆なりしますから、とにかくしゃべるように書いてくださいな、ということだったので、普段しゃべるように書かせてもらいます。

なにしろ私はしゃべることだけは得意なんですよ。放っておくと二時間でも三時間でもひとりでしゃべってます。なので、この本では、うちの店にふらりと入っていらした初対面のお客さんを相手にしゃべっているという想定で書きました。

自分の本を読んでくれている人に呼びかけるとき、ふつうは「あなた」とか「みなさん」とか「読者諸兄」などというようですが、本書では読者のみなさんのことをあえて「お客さん」と呼ばせていただきます。なので、表現が妙にくだけていたり、なれなれしかったりしてお気にさわるところも多々あるかもしれませんが、それが私という人間のキャラクターだとお許しいただき、読みにくいとは思いますが、片目をつぶって読んでいただければ幸いです。

江藤健続

第2章 会社が真の会社になるとき

第3章 提供すべきはモノではなく価値

第4章 経営理念で飯は食えるか⁉

第5章

「カデンのエトウ」vs「ヤ〇ダ電機」

第6章　未来への挑戦

おわりに

序章
アリと巨象

黒船来襲

ある朝のことです。ド派手なオレンジ色の塗装が施された軽トラック——まあうちの店のトラックなんですけど、その荷台に洗濯機入りの段ボールを積み込んでいた兄が、私に気づいてふり向きました。

「タケツグ。あんチラシはもう読んだんか?」

「……ん? いや、まだやけど」

「そうか。机にあげといたけえ、目ぇ通しとけ」

「……おう」

兄の声のトーンに妙な胸騒ぎを感じた私は、すぐさま店の中に入って机の上を見ました。置かれていたチラシを手にとって目を通すうち、動揺で手が震えはじめたのをおぼえています。

内容は、超巨大家電量販店「ヤ○ダ電機」(あえて伏せますが、ヤスダでもヤイダでもお好きに想像してください)が大分県佐伯市《さいきし》へと進出してくることを告げるものでした。

大型店舗をつくるときは、周辺住民に生活環境の変化についての説明会を行うことが、大規模小売店舗立地法という法律によって義務づけられていて、チラシはその告知というわけです。

ヤ○ダ電機は、黒船的な存在として九州の大きな都市にどんどん進出していて、いずれはこの佐伯にも乗り込んでくるんじゃないかって噂されてましたし、以前からそんな危惧《きぐ》もあるにはあったんです。でも、心底驚いたのはその建設予定地でした。

ほんと、目ん玉が飛び出そうになりました。予定地がよりによってうちの店の目の前なんですから――。

都会のように、ほかに土地がないならまだわかります。でも、佐伯市というのは、九州でいちばん面積が大きい市なんです。しかも人口密度でいえば、日本に約八〇〇ある市のうちで七一五番目に密度が低い。ほかにいくらでも建てるところがあっただろうに、なんでわざわざうちの店の目と鼻の先なんだと。

頭の中は、不安やら怒りやらでパニック状態です。

ちなみに「うちの店」というのは、私の兄の江藤和起《かずき》が社長、そして私、健続《たけつぐ》が専務を務める有限会社「カデンのエトウ」のことです。自慢するわけじゃないですけど、この界隈ではちょっとは名の知れた電気屋で、地域ナンバーワンといっても過言じゃなかったし、

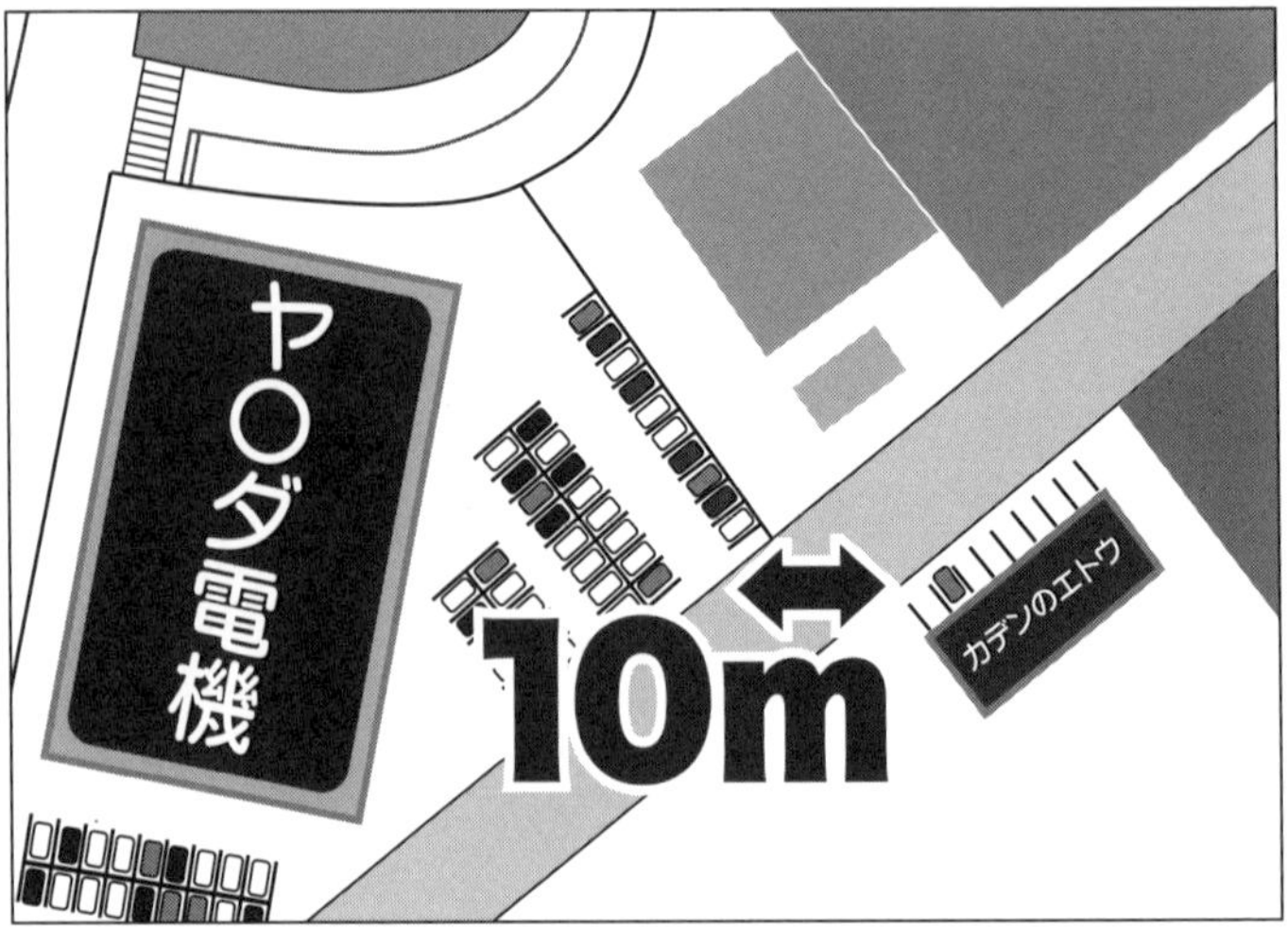

黒船「ヤ○ダ電機」来襲、その距離わずか10m（あくまでイメージです）

少なくともそういう自負はありました。

とはいえ、ほとんど地の果てみたいなところにある、ここ佐伯市。そんな片田舎で「町いちばん」と胸を張ってみせたところで、やはり零細は零細です。外側からは内弁慶に見えてしまうかもしれません。

ところがヤ○ダ電機といえば、これはもう、だれもが異論をはさむ余地のない日本屈指の超巨大家電量販店です。規模としてはアリと巨象ほどの差はあるでしょう。うちとはそのスケールというか桁《けた》が違う。そんなとてつもない怪物が来襲するというのですから、到底、心穏やかでなんかいられるはずもありません。

その後、兄やほかのスタッフともいろいろ相談しましたが、あまりに突然のことだったので思考が凍りついてしまい、対策らしい対策を立てることもできずじまいでした。

心の整理もつかないまま迎えた説明会当日。会場には、兄と私とのふたりで出かけることにしました。

ほんとは「乗り込んでいった」くらいのことはいいたいところですが、なんせ向こうは業界最大手の巨人です。こちらがいくら商売の邪魔をしないでくれなどといったところで、相手が聞く耳などもってないことは最初からわかっていました。これがゴミ処理場だとか葬儀場の建設説明会だったら、ちょっとはモメたりもするんでしょうが、あの大安売りで有名なヤ〇ダ電機がくるわけですから、地元の人たちが反対するはずもなく、会場はほぼ歓迎ムード一色です。説明会専門の担当者が慣れた様子で、事務的に淡々と建設工事の日程などを説明していくさまを、私たち兄弟は配られた資料を手にただポカーンとながめているこことしかできませんでした。

約一年後、自分たちの店のすぐ真ん前に、メガトン級の量販店がぶっ建てられる。ただこの絶望的な事実をおさらいしただけの説明会でした。その帰り道。ヤ〇ダ電機のやり方は嫌がらせ以外のなにものでもないだろうと腹を立てる私に、兄がボソリといいました。

「タケツグ、これは嫌がらせなんかじゃねえぞ」

「嫌がらせじゃなかったら、なんね」

「本気でうちの店をつぶす気なんや……」

その言葉を聞いたとき、背筋がゾゾッと寒くなり、顔色が青くなっていくのが自分でもわかりました。

確かに、ヤ○ダ電機がその頒布を広げるべく、「カデンのエトウ」を標的と定めているのは、火を見るよりも明らかでした。家電業界にまつわるその闘争の歴史を紐解くまでもありません。なにか手を打たなきゃだめだ、「カデンのエトウ」がつぶれるなんて絶対にあっちゃならない――。心の中でそう何度も念じてはみたものの、そのとき私にできたことといえば、せいぜいが途方に暮れることくらいだったんです。

絶体絶命の大ピンチ

その後、兄の言葉は、すぐに現実味を帯びてきました。約一年後に控えたヤ○ダ電機開店、これを執行猶予期間ととらえていた私は、すぐに認識のあまさを思い知らされます。

というのは、私たちの恐怖や不安とは裏腹に、地域住民たちはもう狂喜乱舞なわけですね。大手家電量販店の開店記念セールを指折り数えて期待しはじめているんです。

そうすると、なにが起こるか。

買い控えです。お客さんたちが「待ち」の態勢になってしまって、まだヤ○ダ電機が開店もしていないうちから「カデンのエトウ」の売り上げは、垂直落下式に落ち込んでいったんです。これにはまいってしまった。

しかも追い討ちをかけるみたいに、「カデンのエトウ」はもう終わりだ、なんて風評までもがネット上で広がりはじめ、負の状況にますます拍車がかかるわけですね。なにもはじまらないうちから、崖っぷちへとじりじり追いつめられていくのですから、もうたまったもんじゃありません。

売り上げ低下のダメージが、ボディブローのようにズシンズシンと効いてきて、そろそろ足がもつれてきたかな、くらいの頃、満を持《じ》してヤ○ダ電機が開店したわけです。

バカでかい店がまえに、圧倒的品ぞろえ。千客万来にそなえた広大な駐車場。道を隔てたすぐ目の前には、「他店のチラシをおもちください。どこよりも安くします！」とうたわれた赤いノボリが無数にたなびいていますが、この場合の他店が「カデンのエトウ」を指していることは疑いようもありません。風前の灯火《ともしび》とはまさにこのことです。

なぜ「カデンのエトウ」は生き残れたか

どうです、お客さん。恐ろしい話でしょう。ところで結論からいえば、「カデンのエトウ」の灯火が消えることはありませんでした。だからいまこうしてお話ししているわけですが、ちっぽけな町の電気屋が荒れ狂う暴風雨にもどうにか耐え抜き、生き延びることができたんです。

思えばあのとき、選択肢はいくつかありました。廃業するとか、転業するとか、身売りするとか……どこか別の土地に移転するみたいな手もあるにはありましたが、しかしあえてその場に踏みとどまって、ありとあらゆる策を講じ、満身創痍《まんしんそうい》になりながらも戦い抜いて、いまこうして確かに生きてるんです。

「カデンのエトウ」は、なぜ逃げなかったと思いますか？

「カデンのエトウ」は、なぜ生き残れたと思いますか？

それは私たちが、あるものをもっていたからです。あるものとはなにか。それはあのときもいまもずっと「カデンのエトウ」の宝物です。それさえあれば、大企業を相手どってもつぶされない会社をつくることができます。実は、方法論さえ知っていればだれにでも手に入れられる代物《しろもの》ですが、にもかかわらず、その価値は金額にしておそらく一億はくだらないでしょう。いや、優にその額を超えるかもしれない――。

それをもつということは、どんなときでも必ず正しい方向に導いてくれる羅針盤を手に入れるのと同義です。会社経営のみならず、人生全般にとっても大いに有益なばかりか、困難な状況のときにほど、苦しければ苦しいほど、魔法のような、すさまじいパワーを発揮してくれます。

ＳＮＳ時代にもブレず、新型ウイルスの猛威にも動じず、５Ｇ時代にだって右往左往しない。そんな揺るぎない人生を歩みたければ、答えはすべてこの本の中に書いてあります。ねえ、お客さん。どうでしょう、あなたもそんな羅針盤を手に入れてみたいとは思いませんか。

えっ？　もったいつけてないで早く教えろって？　せっかちだなぁ……わかりました。出血大サービスですべて白状しましょう。

でもね、どこの馬の骨ともわからない人間がいくら偉そうなことをいったところで、どうしたって胸には刺さらない。ビル・ゲイツやイーロン・マスクじゃないですからね。「そうか、じゃあ、さっそくあなたの言葉を信じてみるわ」というわけにはいかないでしょう。

なので、まずは、私がどういう人間かを知っていただければと思います。

第１章
経営者への道

町の電気屋さんに生まれて

大分県佐伯市の船頭町《せんどうまち》というところに、かつて「江藤ラジオ」という吹けば飛ぶようなちっぽけな町の電気屋さんがありました。そこの次男としてオギャーッと生まれたのが私です。昭和四九年（一九七四）のことでした。

創業者である父・重信がこつこつと働き、ようやく「カデンのエトウ」の前身たる「江藤ラジオ」を立ち上げたのが、映画『ＡＬＷＡＹＳ 三丁目の夕日』の舞台となった昭和三三年（一九五八）ですから、創業から実に六〇年以上ものあいだ、地元の人々に愛されてきたことになります。

店は、家族経営のいわゆる典型的な「パパママストア」で、一階が店舗、私たち家族はそこの二階で暮らしていました。倉庫に収まりきらない荷物が、階段や廊下、果ては部屋の中にまで侵出していて、文字通り四方八方、家電に囲まれた日々を送っていました。

船頭町という地名から察していただけるかもしれませんが、私が生まれ育った佐伯の町は海に面しています。日本有数のリアス式海岸、目の前に広がる豊後水道《ぶんごすいどう》は実に豊かな水産資源に恵まれていて、毛利家二万石の領地だった江戸時代には「佐伯の殿さま、浦でもつ」といわれたほどで、幼い頃は毎日といっていいほど海や、家のすぐ目の前を流れる川に釣り糸を垂らす日々を送っていました。

しかし悲しいかな、そんなのどかな日々も終わりを告げるときがきます。

日本では、職業選択の自由が憲法で定められてますが、私の家ではそれが通用しませんでした。治外法権です。私と兄の将来は、生まれたときから電気屋になると決められていて、小学校高学年になった頃には、もう半強制的に家業の手伝いに駆りだされました。最初は、倉庫で商品の片づけや掃除、電気製品の修理をする父のかたわらで必要な部品や工具をわたしたり、軽トラに乗せられて家電の納品にもついていったりしていました。

そして中学に入ると、もう手伝いというくくりでは収まらないくらい働かされました。もういっぱしの労働者です。うちは治外法権ですから、労働基準法も児童福祉法もありません。しかも残念なことに、私の通う城南中学は家のすぐ真裏にあったので、学校が終わってどこかで寄り道したくても、その道すらないんです。あっという間に家にたどり着いたと思ったら、もう家の手伝いが待ってます。

休日なんかありません。朝から晩まで家業の手伝いです。

「カデンのエトウ」現・社長（右）＆専務（左）の幼少期／著者、仕事場にて

うちはなにしろ「パパママストア」ですから、父も母も一日中働いているので、食事をつくる時間もなく、たいていは出前を取ってそれをいそいそと家族でかきこむわけですが、それもできないときは母からわたされたお金を握りしめ、兄とふたりで近所の「天津ラーメン」や「上海ラーメン」に行って、だいたいいつもラーメンをすすっていました。

この小学校時代からのラーメン屋通いが、私に熱烈なラーメン愛を芽生えさせたことを、ひとつご記憶いただきたいと思います。

まあ、子どもの頃から、好きなラーメンを好きなだけ食べられたのはよかったんですが、やっぱり遊びたい盛りに友だちと遊べないのはつらかったです。うちは電気屋ですから、テレビゲームの類《たぐい》はある程度そろっており、それ目当てに友だちがわんさと家に遊びにきます。で、一緒にファミコンをやりはじめたところで、下から父の声がする。

「おーい、タケツグ降りてこい！」

その声が聞こえてきたときの絶望感たるや……。目の前の景色がモノクロになり、もう気分はいっきにどん底です。

みんなでワイワイ盛り上がっている中、コントローラーを床の上に置いて「じゃあ、行ってくるわ」と声をかけると、友だちはテレビ画面から一瞬チラッとこっちのほうを見て「うん」とうなずくだけです。はぁ？　みんなそのまま楽しそうにゲームをつづけているのに、なんで自分だけ……。こうやって友情というものは引き裂かれていくのだなぁ……などと、そのときは本気でそう思いました。

ふくれっ面《つら》で階段を降りて、しぶしぶ軽トラに乗り込んで納品なり修理に出かけるわけですが、心はまだ友だちや、やりかけのゲームに未練があるので、ついつい不貞腐《ふてくさ》れた態度をとったり、文句をいってしまったりして、父に怒られるわけです。ところが、兄はというと身内がいうのもなんですが、本当によくできた息子で、一度たりとも親に逆らったり、不平不満を口にしたりしたことがない超優等生でした。

なので、ことあるごとに比較されましたよ。

「おまえはなんで兄ちゃんみたいにできんのか。ちょっとは兄ちゃんを見習え！」

最初のほうでも書きましたが、兄は和起で、私は健続です。名前からして兄のほうがカッコいいなと思ってました。兄の「エトウカズキ」のほうはどこか語感がシャープで運動神経もよさそうで、戦隊ヒーローものやスポーツ系のそれこそ『キャプテン翼』にでも登場しそうな名前なのに、なんで自分だけ「タケツグ」などという、聞いたこともないような変な名前なんだろうか、とひとり悩んだときもありました。自分のこの個性的な名前がどうしても好きになれなくて、本当にダサいなと思っていたのです。

電気屋ってカッコ悪い？

私のコンプレックスはそれだけではありませんでした。

たとえば、学校が夏休みのときは毎日のように、テレビやエアコンなどの設置工事や修理の助手として父親について、いろんな家に行くわけですが、ときどき家の中におなじ中学の生徒がいたりすることがあるんですね。すると、おたがい見てはいけないものを見てしまったという感じの、なんとも気まずい空気が流れるわけです。それはそうですよね。たまに学校で見かける生徒が、休みの日になぜか自分の家の中に突っ立っているんですから。これが女の子だったら「キモッ！」ってなってもしょうがないわけです。

お客さんの家の屋根にのぼって、テレビのアンテナの設置工事なんかしてるところを、たまたま通りがかった同級生に見られたりしたときは最悪でした。向こうは数人でつれ立ってアイス片手に、Tシャツ、短パン姿。どこかに遊びへと出かける途中で、こっちは作業着姿で汗だくになってアンテナを立てているわけです。

「あっ、見てみい。江藤があんなところでなんかやっとるぞ」

そういって指差して笑うわけです。

学校でもいわれました。

「おまえ、こないだ○○の家の屋根の上におったやろ」

別に悪いことをしていたわけでもないのに、なんだか自分がすごくカッコ悪いことをしているように思えて恥ずかしくて身が縮む思いがして、そのたびになんでオレは電気屋の息子なんかに生まれてしまったんだろうかと、自分の運命を呪ったものでした。

そんな悪夢のような中学三年間を経て、私は高校へ進学しました。

高校進学については、あまり葛藤はありませんでした。どうせ将来は電気屋になるしかない。そうあきらめていたので、たいした展望もないまま、兄が通っていた津久見高校の電子科というところに入ったのです。佐伯市には電子科のある高校がなかったので、隣の津久見市まで自転車と徒歩合わせて、一時間ほどの電車通学となりました。

放課後は店の仕事があるので当然、クラブ活動は「帰宅部」の一択です。授業が終わって校門を出て、駅に向かって歩いていると、私の前を兄がすごい勢いで走っていく姿をよく見かけました。四時二〇分の電車に乗るためです。

学校から駅まで徒歩で一五分ほどかかるのですが、歩いていくとどうしてもその電車には間に合わない。そうなると次の電車まで一時間待たなければならないんです。だから兄は午後四時二〇分の電車に乗るために毎日走っていたんですけど、私はそこまでして早く帰りたくないので、いつもその一本後の電車で帰っていました。そうなると帰宅の時間も兄がぴったり五時で私は六時になります。

それがまた父は気に食わない。「なんでおまえだけいつも遅いんだ」と小言をいわれる

これが著者のステータス・シンボルである長髪だ！（左：青年期／右：現在）

わけです。オレが遅いんじゃなくて、兄ちゃんが早いんだといってもそんな理屈は通用しません。

なにかにつけて出来のいい兄と比較されるわ、遊ぶ暇《ひま》もないほどコキ使われるわで正直、息がつまりそうな毎日でした。

そんなフラストレーションを発散してくれたのが、大好きなロックでした。とくにヘヴィーメタルを最高に愛していて、私がやたらと目立つロン毛（後に危機に直面！）をステータス・シンボルとしているのも、そこに由来するんです。

まあ、なにしろ電気屋ですから、オーディオ機器なんかはいくらでもそろうわけで、暇さえあれば、大音響で聴きまくりました。そうすると気分がスカッと晴れる。明日へのパワーになるんですね。なので、音楽に救われたなという思いは、当時から私にはすごくありました。

命がけのテレビ運び

とはいえ、音楽が聴けるのはあくまで仕事の合間にかぎります。家に帰ったらひと息つく暇もなく、すぐに仕事、仕事、仕事。当時は景気もまだよかったんでしょう、家電もよく売れていて、店は夜の九時とか一〇時までやってました。

船頭町にあった店舗は、それから一〇年ほどあとに現在の場所に移転したのですが、時代が二一世紀に入ってもしばらくのあいだは、現在のように労働環境のことなんてそれほど問題にはならなかったので、それこそシャープ、東芝、三菱といった家電メーカーの営業マンが夜の一〇時、一一時過ぎまでいることもざらにあり、それが当たり前だったような気がします。

強《し》いられた労働の困難は、時間だけではありません。作業内容も相当にハードでした。とくにテレビの搬入。いまにして思えば二階に上げるときなんかは本当にヤバかった。

いまの液晶テレビと違って、当時のテレビはブラウン管方式だったので、とにかくでかくて重いんです。その中でもソニーのトリニトロンテレビが群を抜いて重かった。他社のテレビより二割増しくらいあったんです。

当時は36型のブラウン管が最大級だったのですが、その重さたるや九〇キロほどもありました。しかもテレビの重量のほとんどを占めるブラウン管は、頭でっかち尻すぼみのロートめいたかたちをしていて、テレビの画面側がめちゃくちゃ重たいかと思いきや、逆にうしろは拍子抜けするほど軽いため、非常にバランスが悪いんです。だったら画面を下にしてもてばよさそうなものだけど、そうすると横幅が広くなって、階段の壁がせまいと引っかかってしまう。

そんな恐ろしい「危険物」を、まだ身体のできていない高校生ふたりがお客さんの家の二階まで運び上げていたんですから。もし、どっちかが手でも滑らせてテレビを落としたら、下にいるほうはケガどころじゃすみません。ふつうに命を落とすくらいのレベルです。視界の悪い急峻《きゅうしゅん》な岩山の稜線《りょうせん》を歩いているようなもので、ひとつ間違ったらあの世行きという、いま考えてもよく事故を起こさず無事にやって来られたなと思います。

現在はインターネットに押されて、テレビもずいぶんと存在感が薄くなってきましたが、当時の一般家庭でのテレビは、家電の絶対的王者、王さま的な存在でした。

テレビは一家団らんの象徴で、それぞれの家庭の中で家族が集まるいちばんいい部屋のいちばんいいポジションが与えられるんですね。日本でいったら銀座みたいなところです。その坪単価がいちばん高そうな場所に、ダンボールの箱から取りだしたテレビの本体をどかっと据えて、さまざまなセッティングをしていくわけですが、その一連の流れはある意味、儀式みたいなものです。で、いよいよスイッチを入れてブラウン管に画像が現れた瞬間、それまで固唾《かたず》を飲んで私たちの動きをじっと見守っていたご家族のあいだから「おーっ」みたいな歓声が上がったりするわけです。それくらい、テレビというのは特別だったんです。私たち電気屋にとってもそれはおなじで、テレビを買っていただくということは、その家の最重要ポイントを押さえたという感覚なんですね。

まさに王さまみたいな存在なので、これがもし、換気扇の設置でお邪魔したお宅のリビングなんかに見おぼえのない新製品のテレビが置かれていて、それがチラッと目に入ってしまったときなどは、本当に心の折れる思いがします。大好きだった女性が、他の男性とデートしてるところを目撃してしまった心境とでもいうんでしょうか。ああ、これはオレの一方的な片想いだったのかみたいな気持ちになって、本当にガッカリしたものでした。

もちろん、他の家電、たとえばエアコンなんかでもおなじようなことはあるんですが、心理的なダメージの大きさでいえば、やはりテレビにはかないません。

と、このあたりまで読んだところで、違和感をもたれた方もいるんじゃないでしょうか。あれだけ嫌がってたくせに、なんだかえらく電気屋に思い入れがあるようなことを書いてるじゃないかと。そう、その通り、実はあることがきっかけで私は、電気屋という稼業が好きになってしまったんです。

カッコいい電気屋を目指して

高校一年の夏休みのある日のことです。その日、私は、朝からお客さんの家でビデオデッキの修理をしていました。当時はVHSのビデオデッキで、おぼえてらっしゃる方もいると思いますが、ビデオのテープが引っかかって動かなくなってしまうことが、しばしばあったんですね。

で、そのときもそのテープづまりが原因で、ああ、こんなにグチャグチャにしちゃって面倒くさいなあ、などと思いながらキャビネットを開けてデッキ本体を取りだし、機械を分解して故障の原因を取り除く、という一連の作業をやっていたんです。すると、ちょうど休みなものでそこの家の小学生くらいの子どもたちが、三人兄弟でしたけど、ジーッと私の手元をのぞき込んでいるわけです。

なんだか気が散って嫌だなあと思いながら、こっちもあんまりジロジロ見られたり話しかけられたりするのもかなわないので、無視してさっさと終わらせようとやってたんですけど、ふいにそのとき、ひとりの子がしみじみ「お兄ちゃん、カッコいいなあ」といったんです。そうしたらほかの兄弟も「うん、カッコいい!」といいだして……。

それまで友だちからさんざん笑いものにされてきてたので、一瞬頭の中に「?」がいくつも灯《とも》りました。こいつらもオレのことをからかってんのかなと。でも、そういう感じではなかった。なんというんでしょう、まるでヒーローでも見るようなキラキラした目で私のことを見てるんです。

考えてみれば、そんな年頃の子どもたちがわざわざそばにきて、お世辞をいうとは考えられません。

そうか、オレってこの子たちから見たらカッコいいんか……。

私の中でなにか見えない殻のようなものが、パチンと音を立てて弾けたような気がしました。思わず鼻の下が伸びて、顔がニヤけそうになるのをこらえながら、私は作業をつづけ、最後のビスを締め終えると、カセットテープのケースから飛びだしたテープを中に巻きとって元通りにしました。そして、それをデッキにセットしてプレイボタンを押します。

確か、『ドラゴンボール』かなにかのアニメビデオだったと思いますが、その映像がテレビの画面に流れはじめた瞬間、子どもたちがガッツポーズをしながら、「やった、やった」とその場でピョンピョンと飛び跳ねだしたんですね。

それを聞きつけたお母さんもそこにやってきて、「よかったねえ」と満面の笑みで応えながら、私に「ありがとうねえ。助かったわあ」とおなじような笑顔を向けてくださったんです。

そのときの光景はいまでもはっきりとおぼえています。自分がやっているのは、こんなにもお客さんによろこんでもらえる仕事だったんだということ。そして、笑顔が本当に人を幸せな気分にするということ。そのふたつのことを学んだような気がします。

そしてその帰り道、自転車を漕ぎながらふと気づいたんです。いままで電気屋がカッコ悪いとか恥ずかしいと思っていたのは、自分の思い込みじゃなかったんだろうかと。

店の手伝いで思うように友だちとゲームしたり遊んだりできなかったことを、自分だけが仲間はずれにされていたように感じていた。いわゆる疎外感とか孤独感というやつをひとりで抱え込んでいたんじゃないか、ということに思いいたったんです。いまから思うに、その頃の自分は異常なくらい自己評価が低かったんですね。

例の屋根の上でのアンテナ工事のときも、友だちに見られたくない一心で、背中をまるめて恥ずかしそうにコソコソと作業してたんだと思います。だから、からかわれたんじゃないかって。そう考え直したら、からかわれたり冷やかされたりもしたけど、それも彼らに悪意があってのことではなかったような気がしてきた。そのとき、ちょっとカッコよくいえば、私の中で大きなパラダイムシフトが起きたんです。

そうか、自分のやっていることは実はカッコいいことなんだ。だったら、より積極的にカッコよく見えるように振る舞おうと。

それからの私がいちばん力を入れたのは、まあ、いかにも子どもっぽい発想ではありますが、ドライバーやペンチやニッパーといった工具類を、どうやったらカッコよく使いこなせるか、でした。

建設や工事関係の人たちが、工具や部品などを入れたベルトを腰に巻いているのを見たことがあると思いますが、私はそれを西部劇に登場するガンマンベルトとホルスターに見立てて、ドライバーやペンチを拳銃みたいに指先でクルクルとまわしてからスパッとホルダーに収めるという、実際の仕事にはいっさいなんの役にも立たないことを暇さえあれば、何時間でも飽きることなく練習するようになっていました。

ある程度完璧にこなせるようになってきたら、今度は右手にペンチ、左手にドライバーという感じで、両手同時にできるよう練習しました。いわゆる「二丁拳銃」というやつです。それができるようになると、真面目《まじめ》を絵に描いたような兄までもが、それがカッコいいといって練習しはじめ、そのうち兄弟で技を競い合うようになっていきました。

仕事は楽しそうにやろう

高校を卒業後、武者修行的な意味合いもあって、私はある電機メーカーに就職しました。最初に研修があり、全国から集まってきた私のような電気屋の息子たちにもたくさん会いましたけど、みんなどこかに電気屋はイケてない、カッコ悪いっていうネガティブな意識をもっているんです。どうしてなんだろう。みんなもっと誇りをもって胸張ってやればいいのにって、本当にそう思いました。

「オレたちはカッコいいんだ」って思いだしてから、私の成長がはじまった。そういきっていいいと思います。

それまでの父親に無理やりやらされてる感から、オレたちがやってるんだという感覚に変わった。どうせこの電気屋でやっていくしかないんだったら、カッコ悪いよりカッコいいほうが絶対に楽しいいし、うまくいくんです。

ご存じの方もいらっしゃると思いますが、あの有名な『トム・ソーヤの冒険』に出てくるペンキ塗りの話とおなじです。

トムがあるとき、面倒を見てもらっている伯母さんから、ある悪さをしでかした罰として、ペンキ塗りをするように命令されるんですね。一日で家のおもての塀をすべて塗り直すように、できなかったらもう家には入れないよ、と。せっかく学校が休みなので遊びに行こうと思ってたのに嫌だなあ、とため息をつきながらしぶしぶペンキを塗りはじめるんですけど、到底一日じゃ終わりそうもないし、ぜんぜんやる気にもなれない……。

そこで、トムはある妙案を考えだすんですね。口笛を吹きながら、めちゃめちゃ楽しそうにペンキ塗りをするんです。すると、そこにひとりの友だちが通りかかって、「休みの日に、ペンキ塗りなんかさせられて大変だな」なんてことをいってからかうんだけど、そんな言葉もトムはペンキ塗りに夢中で聞こえないふりをするんです。

で、あんまりトムが楽しそうに刷毛《はけ》を動かしているものだから、その友だちはうらやましがって、自分にもペンキ塗りをやらせてくれって頼むんです。が、トムはもったいぶってすぐにはやらせません。すると、ビー玉あげるからやらせてよ、ってなる。そうやって次々に友だちが集まってきて、みんな自主的にペンキ塗りを手伝ってくれて、結局その日のうちに、ペンキ塗りは無事終了となるわけですが、その話がすごく自分の中学時代の経験とかさなってるなと思ったわけです。

最初は楽しいふりでもいいんです。楽しそうにしていれば、周囲の人はそれに対して決してネガティブな感情は抱かない。それどころか好意的に見てくれるようになるはずです。

そのポジティブな感情が自分にも跳ね返ってきて、それが「ふり」ではなく本当に楽しくなるわけです。

お客さんの家にテレビなりエアコンなりを設置しにきた人間が、最初から最後まで苦虫《にがむし》を噛みつぶしたような顔で面倒くさそうに作業しているより、やっぱり生き生きと楽しそうに仕事をしているのを見てるほうがいいですよね。

もっといえば、カッコよくやっていればさらにいい。なぜかというと、カッコよさというのは別のいい方をすれば、「テキパキ」とか、「スピーディ」とか、あるいは「正確さ」にもつながっていくからです。

映画やドラマを見ていても、医療、ビジネス、警察……舞台がどこであっても、ヒーローやカッコいい系の登場人物はみんなテキパキ動きますよね。アクビしながら手術する外科医とか、鼻をほじりながらパソコンに向かっているエリートビジネスマンはいません。

それともうひとつ、彼らに共通しているのが、自分の職務に忠実であるということです。自分にも他人にもウソをついたりごまかしたりしない。

そんな感じで、カッコよさを追求していくと自然に、外見だけでなくて内面もしっかり磨きあげなければまずいな、という流れに向いていくわけですね。だからカッコをつけるって、実は本当に大事なことなんです。

経営者への道と、三人のメンターたち

某電機メーカーでの武者修行を終えた私は、正式にうちの店の社員となったわけですが、その頃には、すでに社名は「江藤ラジオ」ではなく、「有限会社カデンのエトウ」に変更していました。徐々に従業員も増え、いつまでも「パパママストア」というわけにはいかないんじゃないか、このままの家族経営スタイルではいずれ行きづまるんじゃないか。そんな漠然とした不安が頭をもたげるようになってきたのもこの時期です。

いずれは経営に関わらざるを得ない身。どうにか改善しなければとは思いつつも、なにしろ電気以外の勉強をして来なかったもので、会社経営といってもさっぱりわからない。なにがダメで、どこをどうすればいいのか、見当もつかないし教えてくれる人もいませんでした。

危機感ばかりが募《つの》って、なんとかしなくちゃなあ、と思っていたそんな矢先、私が二〇代半ばの頃のことですが、母のお供でついていった銀行のロビーで順番待ちをしていると

き、横にいた母がお客さん用に置いてある雑誌の棚のほうを指差して、私にポロッといったんですね。

「あんたも経営者やけん、経済誌のひとつくらい読んどかんと、カッコつかんよ」

カッコつかん……これは一大事です。カッコは大事ですからね、確かにそうだなということで、私は母に勧められるまま、近くにあったマガジンラックから『プレジデント』という雑誌を選び、パラパラめくりはじめました。

どうせ自分にはチンプンカンプンの、小むずかしい金融や経済の記事ばかりが載ってるんだろうな、と思いつつ読みはじめたら、ぜんぜんそんなことはありませんでした。京セラの稲盛和夫をはじめ、ソフトバンクの孫正義、ユニクロの柳井正といった経済界の重鎮から、若手のビッグネームまでもが、自分の言葉で読者に熱く語りかけているんです。これはおもしろいものを見つけたと、銀行の帰りにさっそく本屋さんに寄って『プレジデント』を購入。翌日には定期購読の申し込みをしていました。

それからというもの二週ごとに一冊送られてくる『プレジデント』が私のバイブルとなりました。これが呼び水となって、ビジネス書にかぎらず、いろんな分野の本を読むようになっていったわけです。

私はその後、いろいろと学びを得る過程で、三人のメンターと出会うことになります。メンターっていうのは、信頼のおける相談者みたいなものですが、ひとりは、企業家で経営コンサルタントの大前研一さん。政財界で広く活躍されていて、有名どころでは石原慎太郎さんとか橋下徹さんなんかも、その助言を仰いでいます。

もうひとりは同郷、大分出身の故・緒方知行《おがたともゆき》先生です。ジャーナリストとして多数の著作を残すなどのご活躍をされるかたわら、「豊《とよ》の国商人塾」塾頭・商人塾モデル委員会委員長なども務め、人材育成に尽力しておられました。晩年にいたってもその熱意は衰えず、闘病生活にありながら三時間も四時間も壇上に立ちつづけ、情熱的に教えを説いてくださった姿は決して忘れられません。

緒方先生は、私の人生において、最も大切なふたつの教えを強烈に叩き込んでくださった方です。

ひとつは、アイデンティティをもつことの大切さです。「自分がなにもので、ナニ屋さんで、ナニをすべきかを、正しく認識しなさい。そして、それを常に意識しつづけなさい」。そう教えられました。

もうひとつは、商売の本質とはなにかについてです。それはお客さんの「不」を解消することだと教えられました。つまり商売とは、お客さんの「不快」を「快適」に変える、「不満」を「満足」に変える、「不便」を「便利」に変える、「不安」を「安心」に変える、そのお手伝いをすることであると。みなさんの抱えている「不」を取りのぞいていくことこそが、商売をしていくにあたって真に大切だということを、緒方先生のおかげで胸に刻み込むことができたんです。

このふたつの教えについては、おいおいふれていきますが、「豊の国商人塾」で緒方先生から学んだことは、いまの私をかたちづくるうえでの礎《いしずえ》となりました。

ちなみに、緒方先生の教えについてくわしく知りたい方は、その著作である『流通・商業　栄枯盛衰の方程式』（商業界）が入り口としては最適でしょう。また、「豊の国商人塾」についてご興味がおありであれば、ぜひ、大分県ホームページ「豊の国商人塾（商業・サービス業人材育成事業）について」をご参照ください。

（大分県ホームページ「豊の国商人塾について」：https://www.pref.oita.jp/）

さらにもうひとりのメンターは、ビジネス書の金字塔として名高く、私の座右の書でもある『7つの習慣』を日本に知らしめた、経営コンサルティング界の生きる伝説、ジェームス・スキナーさんです。ジェームスさんは、なんとこの本の帯文まで書いてくださいました。いやあ、これほど光栄な話はありません。

みなさん、圧倒的な経歴を誇るものすごい人たちなんですが、このお三方と出会えたおかげで私の人生は、地中から地上に引っこ抜かれたみたいに、がらりと変わりました。

経営に興味をもちはじめた頃、まずはじめに強く惹かれたのが、そのメンターのひとりである大前研一さんでした。『プレジデント』で書かれていた道州制地方分権の話が、非常におもしろくて、共鳴したというのがいちばんの理由です。

いてもたってもいられなくなった私は、大前さんが設立した株式会社ビジネス・ブレイクスルー主催の「大前経営塾」というビジネススクールに入り、一、二か月に一度上京して受講、あとはインターネット上でやりとりをするということを一年ほどつづけました。塾の主旨は、新しい日本を創造するリーダーを養成するというものでした。

その過程で課題図書というのがあって、ビジネス書や自己啓発に関する本が月に三冊も四冊も送られてくるんですね。読みこなすだけでも大変でしたが、それでも読んでいくうちに読書のおもしろさ、楽しさに気づき、それまでせまかった世界観がどんどん広がっていくのが自分でもわかりました。

そうすると、必然的に視野も広がり、目指すものが大きくなっていった。井の中の蛙《かわず》がちょっとだけ、井戸の外も見えるようになっていく。そんな感じだったと思います。

で、一連の授業の締めくくりとして、卒業論文みたいなものを提出することになっていたのですが、私は大学に行ってないので論文なんか読んだこともないですし、ましてや書き方などわかるはずもありません。とはいえ、書かないことには卒業させてもらえないので、なんとかひねり出さなければならない。

「新しい日本を創造する〜」というのがこの塾の教育方針なので、そういった高尚なテーマにするのがふつうでしょうけど、日本をどうするとか世界がどうだとかいったところで、さっぱりピンときません。海外にも何度か行くことは行きましたが、せいぜいが電機メーカー招待で、おのぼりさんまる出しのお気楽観光ツアーに参加したくらいのもんです。

ここで背伸びをして、よくわかってもいない日本の未来を語るより、自分が生まれ育ってきたいちばん身近な、佐伯という町にテーマを絞ったほうがいい。

そう思い直して、私は論文を書くことにしました。

テーマは自分の足元に焦点を当てましたが、構想を練っていくうちにだんだん考えること自体が楽しくなってきて、もし自分がこの町の市長になったらどうしたいか、そこまで想像が膨らんでいくんですね。

そもそもは課題として与えられた一種の義務としてはじめたのですが、ああでもないこうでもないといろいろ考えをめぐらせていくうちに、どこかでスイッチが入ったんでしょう。いま、読み返しても、われながらおもしろいアイデアだなと思えるものがいくつかあって、その後の私の生活や活動にも、すごく大きな影響をおよぼしていることがよくわかります。

文章を書くこと自体は、決して得意ではありませんが、自分の思いを箇条書きでもなんでもとにかく紙に書いていって、自分の目であらためて読み返し、確認するということは本当に大事なんだなと、そのとき強く実感しました。

ちなみに、なによりもはっきりと自覚したのが、自分がいかにふるさとの佐伯市を愛しているかということです。われながら、よくぞここまで地元愛が強いもんだなと、半《なか》ば呆れてしまうほどでした。

事業継承と兄弟経営

経営を学んでいくうちにひとつ、はっきりとわかったことがあります。それは、どんな会社でも必ずしっかりとした核が必要だということです。

「カデンのエトウ」には、肝心のそれがないことに気づきました。だからどうしてもまとまりがないというか、スタッフがおなじ方向を見ていない。前にふれたように、会社というより商店みたいだと感じられたのは、まさにそこの部分だったんですね。

父から事業継承の話がもち上がったのは、ちょうどそんな危機感を抱きはじめた頃でした。兄の和起を社長とし、弟の私が専務という新体制で、「カデンのエトウ」を経営していくことが決まったんです。

二〇一〇年のことでした。

父は父なりに悩み抜いたすえの決断だったんでしょうね。いまの時代の変化についていくには、やっぱり息子たちに若いうちから経験を積ませないといけない。だったら、自分は早々に第一線から退いて、築いてきたものを息子たちにまかせてみよう、ということだったんじゃないかと思います。あらためてそう考えると、わが頑固おやじは引き際も立派だったな、と感慨もひとしおです。

「カデンのエトウ」が新たな門出を迎えたとき、同時に、ある課題も生まれました。それは、兄弟の役割をどうするかについてです。

兄弟経営はむずかしい、うまくやっていくのは至難の業《わざ》だ、なんて話をよく聞きますが、まあ、わからないでもありませんよね。肉親だとどうしてもビジネスライクに接することができない、ついあまえが出てしまうということがあるんでしょう。

でも、もしこれがうまくいったなら――肉親ほど頼りになる味方なんてこの世に存在しません。他人とは、やっぱり絆《きずな》が違いますからね。

ひるがえって江藤家を考えてみた場合、兄はもう生粋《きっすい》の職人肌です。電気屋としての技術では逆立ちしたってかないません。かといって私は、自分でいうのもなんですが、ずっと人の下についてやっていくようなタイプでもない。また、顔を突き合わせておなじ場所でおなじ仕事をやっていれば、やはり家族という近しさや親しさがむしろ仇《あだ》となって、衝突が絶えなくなるであろうことは目に見えています。

だったら、自分にはなにができるだろう。

そう考えたとき、私はというと生まれながらの社交家なんですね。人が大好きで、人と話すことが大好きで、職人仕事だってもちろん好きは好きですが、適正としてはがぜん営業とか経営向きだってことは明らかだったんです。この点については、父もそう認めていました。

ならば、どうせだったら兄弟で完全に役割分担してしまえ、と。車の両輪といいますか、おたがいが得意なことで力を存分に発揮したほうが、一プラス一が三にも一〇にもなって会社に貢献できるんじゃないかと考えたわけです。

こうして「カデンのエトウ」は、兄が現場やお客さん対応を取り仕切る「業務執行責任者」、私は経営と営業を一手にまかされる「経営責任者」、という完全役割分担制で動きだすことになりました。

結果からいえば、この選択は大正解でした。

兄は、商品やサービスを提供するにあたっての品質管理、納期厳守などに全責任を負います。

一方、私は人、モノ、お金、すなわち経営や財務や採用についての全責任を負うわけで

「カデンのエトウ」の兄弟（親族）完全分業モデル

兄	弟
和起	**健続**
業務執行責任者	**経営責任者**
施工管理、商品管理、品質管理、納期厳守、サービス全般などに全責任を負う	経営、営業、財務、採用（人、モノ、お金）などに全責任を追う

「カデンのエトウ」の兄弟分業モデルで円満経営へ！

す。

兄弟であってもやることがぜんぜん違うので、意見が衝突することはまずありません。

利点はほかにもあって、それぞれが得意分野で活躍しているので、「アニキすげえわ」とか、「タケツグがんばっとるの」とか、おたがいへの尊敬の念が自然と育まれていくんです。

逆にいえば、尊敬のないところでは、人は気持ちよくなんか働けません。

だからもし兄弟経営に悩んでるんだったら、個々の特性を生かした役割分担。とにかくこれを強くオススメします。

だってうちは、本当に仲良くやれてますからね。きっと親子経営だっておなじですよ。パターンに多少のずれはあっても、それぞれが違う分野で才覚を伸ばしていけばいい。とにかく棲み分けし、尊敬し合うこと。その効果は絶大なものがあります。

さて、こうして私たち兄弟は、とにもかくにも経済という大海原へと船出することになったのでした。

第２章
会社が真の会社になるとき

アイデンティティの確立

さて、こうして経営者としての第一歩を踏みだした私たちですが、いろいろ学んでいくうちに、かの巨大量販店と戦うために必要な武器を手に入れることができたんです。

おぼえてますか、お客さん。私は冒頭でこう問いかけましたよね。危機に直面したとき、「カデンのエトウ」はなぜ逃げなかったのか。「カデンのエトウ」はなぜ生き残れたのか。いったいなにをもつことで、どんな大企業にもつぶされない会社になるのか、と。

唐突ですが、答えを発表します。これを知ることによって、お客さんの人生は劇的に変わってしまうので、心して聞いてくださいね。

其の壱　アイデンティティの確立
其の弐　ミッションインストール

以上です。ご清聴ありがとうございました。この二段階のステップをきちんと踏襲すれば、お客さん。あなたは自らの中に光り輝く羅針盤をもつことができます。隣にマンモスが引っ越してこようが、ザッカーバーグが重戦車に乗って攻めてこようが、もうだいじょうぶです。少なくとも自分自身がブレるということはなくなるでしょう。これはひとつの真理だと思うのですが、自らの意志さえ揺らぐことがなければ、人生なんて、いずれは道がひらけてくるものなんです。

まあ、いきなりこんなことをいわれても、にわかにはピンと来ないに決まってますし、そもそもアイデンティティだのミッションだのと、なんのことやらさっぱりわからんという人がほとんどでしょう。でも、現に私たち「カデンのエトウ」は、ヤ〇ダ電機との対決ではっきりとそのことを証明してるんです。いわば、生き証人なんですね。

では、なぜこのふたつを学ぶことで強くなれるのか、順を追ってお話ししましょう。まずは、アイデンティティとはなにか、というところからはじめさせてもらいます。

当時、経営者としての道を歩きはじめた私が、最も懸念していたのは、「カデンのエトウ」にはいまだはっきりとしたコンセプトがない、ということでした。まずは、会社としてのしっかりとした核をつくらなければならない。

では、具体的になにをどうすればいいのか。以前はさっぱりわからなかったのですが、これも経営の勉強をしていくうちにだんだんわかってきました。まず最初にしなければならないのが、「其の壱　アイデンティティの確立」だったんですね。平たくいえば、自分がなにものかを知る。これを経営者の立場で考えたなら、自分の会社がどういう存在かを認識する、ということになるわけです。

前に、私には三人のメンターがいるとお話ししました。彼らから教えられた最も大切なこと、それは一貫したアイデンティティをもつことの重要性でした。

自分はなにものなのか――。

一貫したアイデンティティとはどういうことか。これは緒方知行先生がよく話されていたたとえ話ですが、よく時代劇なんかに、「駕籠《かご》かき屋さん」が出てきますよね。えっさ、ほいさ、と駕籠で人を運ぶ、現代でいうところのタクシー業みたいな人たちです。

あれって、いったいなにをする仕事なんでしょ？　「駕籠かき（かつぎ）屋なんだから、駕籠をかつぐのが仕事に決まってるだろ」と思われるかもしれません。でも、本質的に彼らがやるべきことは、「駕籠をかつぐ」ことではなく「人を運ぶこと」ではないでしょうか。駕籠をかつぐのはあくまでその手段に過ぎません。だから彼らは本来であれば、「人を運ぶ屋さん」というアイデンティティをもつべきなんです。

だれかがどこそこに行きたいと困っているとき、駕籠が壊れていたとします。自分がなにものかを知らない駕籠かき屋さんであれば、「今日は駕籠がかつげないから無理だね」などと断わってしまうかもしれない。でも、自分が「人を運ぶ屋さん」だというはっきりとした認識があれば、そんな理由で断わることはありません。馬に乗せたっていい、ロバでもいい、荷車でも、お姫さま抱っこでも、運ぶ方法はなんだってかまわないわけです。手段は選ばず、とにかく人を行き先に運びとどけることが、まず最優先となります。「人を運ぶ屋さん」であるというただ一点のみを目指し、つらぬき通すことが、アイデンティティを確立するということなんですね。

だから緒方先生はいつもおっしゃっていました。「あなたの商売は『駕籠かき屋さん』になっていませんか？　駕籠をかつぐことが本質じゃないんです。安全に人を運ぶことが商売だということを、絶対に間違ってはいけません」と。

もうひとつ緒方先生から教わった、非常にわかりやすいたとえ話があるので、ご紹介しますね。

——町にパン屋さんがありました。すごく美味しいパン屋さんですが、売り上げがあまりよくありません。その店の奥さんは考えました。焼きたてパンさえ食べてもらえれば、きっとみんな気に入ってくれる違いない。だったら朝、みなさんの家の食卓に配達して差し上げようと。

ところが、店のご主人に相談してみると、「そんなことしなくていい。パン屋はうまいパンだけ焼いてりゃいいんだ」の一点張りです。奥さんはそれでもあきらめず、手書きでチラシをつくり、それをご近所に配ってまわりました。すると、ポツポツと注文が入りはじめたんです。

注文を受けるうち、「毎日パンだけじゃ飽きるな。たまにはコメの朝ごはんも食べたいんだけど、ダメかな」というお客さんが現れました。

せっかくだからやってみようと思い、家に帰って相談したところ、ご主人はすごい剣幕です。「どこの世界に、コメのごはんを配達するパン屋がいるんだ！　バカヤロー」といって首を縦にふりません。

それでも奥さんはくじけることなく、おにぎりとか、ちょっとした卵焼きなんかの配達もはじめました。チラシもあれこれ工夫して宣伝し、品数も少しずつ増やしていったところ、これが大評判になったんです。店の売り上げはぐんぐん伸びていき、結果として美味しいパンもまた、より多くの人によろこばれることとなりましたとさ。めでたし、めでたし——。

さて、このご主人と奥さんの違いはなんだと思いますか。

ご主人は、自分のことを「パンを焼いて店にならべる屋さん」だと認識してるんです。だから余計なことはしたくない。配達なんか、自分がやるべき仕事だとは思っていません。でも、これって間違ってますよね。だって、だれも食べてくれないパンをいくら美味しく焼いたって無意味じゃないですか。要するに、パンを焼くという作業なり手段なりが、ご主人の中では目的にすり替わってしまっているんです。

一方で、奥さんは、美味しい朝ごはんを食べてもらい、よろこんでいただくことが大事だと気づいています。ということは、彼女のアイデンティティは「美味しい朝ごはんをとどける屋さん」なんですね。だからお客さんが抱いていた「おにぎりも食べたいのにな」といった不満、「不」を解消するためにはパンにこだわりません。卵焼きだろうと、焼き魚だろうと、なんだって提供できるんです。それをやってこそ「不満」を「満足」へと変えることができるんですね。

この夫婦がそうであるように、アイデンティティが違えば、目指すべきゴールもおのずと違ってきます。ゴールが違えば、進むべき道も異なるわけです。そこを本質的に考えて、正しいアイデンティティを導きだし、意思の疎通を図ることが肝要となってきます。

だからすべての経営者は、自らのアイデンティティを見誤ってはいけません。自分がどういった存在なのかを、まずは明確に正しく定めてください。でなければ、その会社はスタート地点にさえ立てません。ゴールがどこかもわからないのに、スタートもへったくれもないですからね。

まずは、アイデンティティを正しく確立させてください。もしそれがうまくいき、自分の中に息づかせることができたなら、それがあなたの人生にもたらすインパクトは計り知れません。そこから生みだされるミッションや理念は、人生の揺るぎない基準となり、すべての価値判断をゆだねる物差しとなるはずです。

ミッションインストール

自分がなにものかがわかったら、次にしなければならないのが、「其の弐　ミッションインストール」です。

ミッションとは、使命とか任務のこと。もともとはキリスト教の布教活動なんかでもちいられた言葉のようですが、最近では、ビジネス用語としてもずいぶん浸透してきました。ちなみに、この言葉をビジネス用語として日本ではじめて使いはじめたのは、わがメンターのひとりであるジェームス・スキナーさんだと聞いておりますが、それはまた別の話としましょう。

話を戻して、ミッションというのは、要するに「なにをすべきか」ということです。「だれが（アイデンティティ）」→「なにをすべきか（ミッション）」という流れになりますから、当然、アイデンティティが確立していなければ、正しいミッションを生みだすことはできません。

さっきのたとえ話でいうと、パン屋の奥さんのアイデンティティは、「美味しい朝ごはんをとどける屋さん」でした。でも、奥さんはそれについては無自覚だったわけです。それだと本来の力を生かすことができないので、今度は、奥さんに自らのアイデンティティを自覚してもらいます。そしてそこからミッションを考えてもらうんです。じっくりと考え抜いた結果、奥さんはこう宣言しました。

「私のミッションは『世界中のみなさんに美味しい朝ごはんを食べていただく』ことです」

さあ、奥さんはすでに自分がなにもので、なにをすべきかを知ってますから、もう迷いません。

ミッション以外のことは、なにもかも二の次です。

このミッションならば、別に美味しい朝ごはんを提供するのが、自分である必要さえありません。商売敵《がたき》がこちらのビジネスモデルを真似て、みなさんに朝食をとどけたってぜんぜんオッケー、むしろそれは歓迎すべきことなんです。

とにかく世界中の人々に美味しい朝ごはんを食べてもらうこと。それが第一にして唯一無二のこと。それだけを価値基準にあらゆる行動が決定していくんです。あるいは、決定していけばいい。AかBかの選択を迫られたとしても、もう迷うことはないんですね。

まずはアイデンティティを確立し、ミッションを定め、自らの中に落とし込む。これを会社という領域に当てはめたものが、いわゆる「経営理念」なんです。「経営理念」が創出されてはじめて、会社は真の会社となり、世界に羽ばたくことができるんですね。

同友会入会！　経営理念で飯は食えない？

と、ここまで聞いてきて、なんだか肩透かしを食らった気分じゃないですか？「えっ、それだけ？」というお客さんの不満げな声が聞こえてきそうです。なにかすごい金言とか魔法のような言葉が書きつらねてあると思われていたかもしれません。

経営理念とかいうのは、確かにどこの会社も掲げてるけど、「明日に向かって明るいナントカ」とか、「未来へ羽ばたくナントカカントカ」とか、どれもこれもキレイごとをならべてるだけで、似たりよったりだし、未来と明日はどこが違うんだ、みたいな感じで、なんだかピンと来ないんだよねえ。しょせん、あんなものはお客さん向けに置いてある玄関のお飾りみたいなものじゃないの——。

そんな言葉を投げかけられたこともあります。確かに、「お飾り」にしか使っていない企業もあるかもしれません。特別な理念やミッションなど掲げてなくても、十分な利益を上げている会社はいくらだってあるでしょう。

でも、どんな会社でも、必ずいつかは下り坂にさしかかるときがくる。

サーフィンとおなじです。いっぺん波の頂上に行ったら、次は下まで降りて、また上っていく。それのくり返しです。ずっと上り調子ということはない。いつかは下り坂がきます。ゆるい下り坂だったのが、ある日突然、断崖絶壁になることだってあるかもしれません。

そういったピンチに立たされたとき、しっかりとした経営理念があるのとないのとでは、天と地ほどの差が出てくる。企業にとって揺るぎない理念をもつということは、何億、何十億円にも相当する財産なんです。

身をもってそのことを痛感した私は、そう断言します。

正しい経営理念とは、アイデンティティとミッションにもとづいた具体的な指針を、練りに練って明文化したものです。これを会社全体で共有し、社員全員に骨の髄まで叩き込む。気分とか思いつきで考えだされたものでは、なんの意味もありません。

だから、実はそれほど簡単な話ではないんですね。「カデンのエトウ」にしてもそれはおなじで、経営理念を構築するにあたっては、相当な生みの苦しみがありました。

父から事業を継承した年のことです。私たち兄弟は「中小企業家同友会」というところに入会しました。

「中小企業家同友会」は、全国にネットワークをもつ組織です。自由な雰囲気を大切にしているので、民主的に運営されていて、ほかの組織からの干渉も受けません。会員どうしがおたがいに知識を高め合い、理解を深め合いながら、経営者どうしの横のつながりを育んでいくことができます。

経営を一から学ばせてもらうには、まさに打ってつけの場といえるでしょう。

ちょうど私も、アイデンティティやミッションの大切さに気づきはじめた時期とかさなっていたので、なおのこと見るもの聞くことのすべてが、新鮮でおもしろく感じられました。運良くこうした機会に恵まれて、そこでさまざまなアドバイスを受けたのをひとつのきっかけに、いままで経営について学んできたことを、現実の「カデンのエトウ」で実践していくことにしたんです。

そこで、まずはじめに強く勧められたのが、経営理念の「成文化」でした。わかりやすくいえば、構想をしっかりと文字に書き起こすことで、理念という目に見えないものに実体をもたせるという試みです。

経営理念構築をめぐっては、いやあ、父とはよくケンカしましたね。父はやっぱり古い人間なので、私たちが勉強会に足しげく通うのがおもしろくない。「経営理念で飯は食えんわ！」とにべもないんです。「中小企業家同友会」で決算書を見せてアドバイスをもらおうとしたときなんか、もう大激怒でした。

「よその人間に決算書なんか見せられるわけねーやろが！」

「まあ、ちぃと聞いてくれや」

「アホか！　そんなことより、もっと売り上げをどうにかせんか！」

「いや、だから……」

「だいたいな、セミナーなんぞ行っても意味ねえぞ！　昔、わしがそうやったけんな」

こんな親子ゲンカが絶えなかったですね。こっちも慣れない経営で、試行錯誤をくり返す日々。父は父なりにやっぱり心配だったんでしょう。社の方針をめぐって真っ向からぶつかり合うことがしょっちゅうでした。

まっ、それでも辛抱強く説得をつづけていくしかありませんでしたね。なんでもそうですが、一朝一夕というわけにはいきません。少しずつ前進あるのみです。

そんなわけで、お客さん。もしあなたがこれから経営を学びたいのであれば、「中小企業家同友会」への入会を自信をもって強くオススメします！　全国組織なので、最寄りの支部が必ずや見つかるでしょう。ものすごく勉強になるし、人間的にも大きく成長できるし、素晴らしい人脈もどんどんと広がり、本当にいいことずくめの会ですので、ぜひ一度試しにホームページを覗《のぞ》いてみてください。そして願わくば、勇気を出して一歩を踏みだしてほしい。きっと、新しい世界への扉がひらかれるはずです。

（ご参考までに：大分県中小企業家同友会ホームページ：http://oita.doyu.jp/）

誕生！　家電のレスキュー隊

自分でいうのもなんですが、たゆまぬ学びの甲斐《かい》もあって、この頃には少なくとも理屈のうえではわかっていたんです。「アイデンティティ確立」「ミッションインストール」というプロセスをしっかりと身に宿すことができれば、「カデンのエトウ」を核のあるしっかりとした会社にできるということを。

でも、大変だったのは、そこにいたるまでの道のりでした。

どう自分に、どう自分の会社に、それをうまく落とし込むか。いや、その前に、自分たちはいったい本当はなにがしたいのか。

明けても暮れてもそのことばかり模索していくうち、薄皮が一枚一枚めくれるみたいに、答えがだんだんと、少しずつ見えてきたんです。幸せの青い鳥じゃありませんけど、そのヒントはすぐそばにありました。ここ佐伯市という町にあったんです。

「大前経営塾」での論文作成のときに自覚させられたように、私っていう人間はつくづく地元が好きなんですね。――そうか。だとしたら、生まれたときから暮らしてきたこの土地に貢献することが、自分という人間の役目なんじゃないか。地域の日々の暮らしをお守りすることこそが、「カデンのエトウ」の経営理念にふさわしいんじゃないのか。

そのことに気づいたとき、暗くて長いトンネルを抜けたような心持ちがしました。ぱっといっきに視界が広がった。そうしたら次々にいろんなアイデアが浮かんできたんです。その無尽蔵にわいてくるアイデアを片っ端から文字として書き起こしていったわけですが、こういったやり方についても、やはり「大前経営塾」での学びが大いに生かされたことはいうまでもありません。

で、どんなアイデアがわいてきたかといいますと、ズバリ、「原点回帰」でした。まずは地域の暮らしをお守りするのが第一義なわけですから、自分たちはもうただの家電店とはいえないなって、そう思ったんです。だったら「カデンのエトウ」は、家電を売るのはもうやめよう、と。

電気屋が家電売らんでナニ売るの？

おでん？　そんなふうに首をおひねりかもしれませんが、違うんです。別に絶対に売ってやるもんかとかそういうことではなくて、「カデンのエトウ」は家電を助けることを通し、地域の暮らしをお守りすることを第一義に据えたわけです。だからそのことを達成するためには、良い家電はどんどん売ります。ガンガン買っていただきます。でも、それはあくまでも手段であって目的ではない。

家電店じゃなければ、いったい「カデンのエトウ」とはなにものなんだろう。そう考えたときひらめいたのが、「レスキュー隊」でした。自分たちは家電を救うレスキュー隊であると。そう思いついたとき、ああ、私たちにふさわしいアイデンティティはこれ以外にないなって、そう確信しました。

私たちは「家電のレスキュー隊」である。

存在理由はそこにしかない。

家電をレスキューするということは、町の人々の生命や財産や暮らしを守るという意味において、消防のレスキュー隊と本質的におなじものだと考えています。火事になったらすぐさまかけつけ、どんな業火《ごうか》にも立ち向かい、町の人たちを守り抜く。まさに私たちの目指すところです。

家電のレスキュー隊はこうして産声《うぶごえ》をあげたわけですが、どうでしょうか。もし会社として明確な経営理念をもち、それを全スタッフが腹の底までとことん落とし込んで、迷うことなく一丸となって目標に向かっていったとしたら、果たしてどんな会社になるでしょうか。まだ、お客さんには、それほどピンときていないかもしれませんが、でも、なんだかちょっとスゴいことになりそうな気がしませんか？

さて、このようにしてとことん練り上げ、明文化した「経営理念」をごらんください。

〈経営理念〉

われわれ家電のレスキュー隊は
この地域からいまだ未解決な様々な不を解消し
ありがとうの連鎖と輪を広げ
笑顔の種を蒔く企業になる

この一文は、一語一句研ぎ澄まされた、いわば「カデンのエトウ」の憲法です。憲法なので不純物はいっさい混ざっていません。まず一行目で、「家電のレスキュー隊」というアイデンティティを明示し、次に「この地域」という文言《もんごん》で佐伯市という土地に場を定めたうえで、「不を解消」すると述べています。もちろん、緒方先生の教えを受けての一節ですが、しかし、「いまだ未解決な様々な」という文言をつけ加えることによって、実はさらなる進化を遂げています。

どう進化させたかというと、たとえば、お客さんが改善できないと思い込み、すっかりあきらめていた家の構造――浴室の入り口にある段差をなくしてあげたり、危険な階段に手すりをつけてあげることによって、これまで意識さえしていなかった「不満」を満足に変える。あるいは、とうにあきらめていた「火災に対する不安」を、ＩＨコンロを導入することによって安心に変える。要するに、お客さん自身も気づいていなかった「不」、お客さんがとっくにあきらめていて、あきらめたことさえ忘れていた「不」を、私たち家電のレスキュー隊が探り当てて、それを「解消」すると断言したわけですね。

つづく三行目の「ありがとうの連鎖と輪を広げ」という文言では、お客さんが感激してリピート（連鎖）したくなるような、また、ほかの方にも自信をもって紹介（輪）したくなるような、そういう質の高いサービス（ありがとう）を約束しています。

最後の行では、お客さんが笑顔となるサービスの提供を誓っています。しかし、それは決して収穫ではなくて、あくまでも未来へ向けての種蒔きであることをうたっています。「カデンのエトウ」とは、そのような企業でありつづけるという高らかな宣言です。

いかに徹底的にむだを削ぎ落し、磨き込んだ文章かがおわかりいただけたでしょうか。経営理念とは、これぐらいとことん練り上げないと意味がないものなんです。

さて、経営理念が決まったら、次に用意すべきは「行動理念」です。要するに、現実の経営に即した、より具体的な規範や指針を考えていくわけです。これもまた当然、アイデンティティとミッションから導きだされなければなりません。

〈行動理念〉

1. 家電のレスキュー隊として、その使命（経営理念）を実行します！

2. 家電のレスキュー活動を通じて人のお役に立ち社会に貢献します！

3. 家電のレスキュー活動を通じて社員の生き甲斐を創造し夢と幸福を実現します！

そしてさらに、行動する際の「基本方針」として次の三点を掲げました。

〈基本方針〉

1．断りません!!

2．すぐに対応します!!

3．納得するまでフォローします!!

いやあ、いま読み返しても身が引き締まります。こんなめちゃくちゃ大変な誓いは、地域を守っていくというよほどの覚悟がなければできっこありません。でも、結局のところ、アイデンティティとミッションを正しく踏襲したならば、こういうふうにならざるを得ませんよね。

こうして「カデンのエトウ」は経営理念を定めたわけですが、ちなみに「家電のレスキュー隊」という新たなコンセプトは、後に登録商標も取得して名実ともにわが社の誇りとなりました。

よしっ、じゃあ、次はなにをすればいいの？　となったときに私はあれからはじめたんですね。そうです、例の「カッコから入る」ってやつです。

企業としてのコンセプトの重要性

前にもお話ししたように、修理に伺った先の子どもから「カッコいい」とホメられたことが、私の電気屋としての原点でした。だから、カッコから入ることがすごく有効であることを、自分自身がいちばん身に沁《し》みてわかっているんです。

あれ以来、私たち兄弟は装備にも気を使いはじめました。

色、かたち、デザイン、すべての選択基準が「カッコいいか、そうでないか」です。腰ベルトの巻き方もちょっとゆるめにして斜めがけにしたりとか、ホルスターの位置をふつうより下めにつけたりとか。

あとは工具の数と種類にもこだわりました。ネットやPCの冒険もののゲームや戦闘ゲームで主人公が、次々と武器や装備を手に入れていくあの感じです。当時のことを考えたら、そのへんは若さとバカさのなせるワザだったとは思いますが、それでも一貫して「電気屋はカッコいいんだよ」という世界観をつくりつづけることは大事だと思っています。

ほら、私自身も洋楽だのロックだの、とくにヘヴィメタの熱狂的ファンだっていいましたよね。なので、ビジュアル的にも個性的であろうとこだわりつづけてきました。髪型なんかも長髪をうしろで束ねたスタイルで、知らない人が見たら、たぶん「まともな」電気屋には見えないんでしょうが、そんなのはまったくかまわないんです。ほかの家電店はこうだけど、うちだけは違うんだってところをパッと見てわかるようにしておくことって、実はけっこう重要だからです。見てくれというか外見だって、企業としてのコンセプトのひとつに十分なり得るんじゃないかって、私は常々そういうふうに考えてました。

だったらね、せっかく私たちは家電のレスキュー隊なんですから、カッコだってそれを意識したユニフォームじゃないとつまらないですよね。ということでめでたく採用されたのが、「カデンのエトウ」のトレードマークにもなっているオレンジ色のツナギなんです。モチーフはもちろん消防のレスキュー隊です。

一般的に、家電量販店の店員っていうと、ふつうのネクタイとワイシャツの上から、たいていなんだか妙にテカテカした生地に会社名が書かれたハッピを着てるイメージがあると思うんですけど、あれが私にはよくわかりません。お客さんからひと目で店員だとわかるようにしているのでしょうけど、温泉旅館の番頭さんならまだしも、あのスーツの上にハッピというのはどう考えてもダサい。私はあれがとにかく嫌でした。どうして、わざわざよそとおなじにしなければならないのかと。

ユニフォームは大事です。その証拠に、女性はチャイナドレスを着ただけで三倍くらいは余裕で強くなります。ユニフォームに袖を通した瞬間、気持ちが入れ替わって「よっしゃ、やったる！」というモードにトランスフォームできてしまう。ひとたび士気が高まれば、普段着ではできないことも、スイッチが入ったように平気でできるわけです。

鏡映しといいますか、ユニフォームを目にする側にとっても、それはおなじことです。犯罪現場にかけつけた警察官の制服を見れば、被害者は安心するでしょうし、犯罪者はビビる。火災現場でレスキュー隊のオレンジ色のつなぎが目に入った瞬間、被災者は「助かった！」と思うに違いありません。

私たちもそうありたいんです。「カデンのエトウ」のユニフォームを見たら、もうこれで安心だ、と感じてもらいたい。そういう願いもあって、消防のレスキュー隊をイメージしたユニフォームを採り入れたわけです。

ちょっと余談になりますが、私たち兄弟には、モデルにしている電機会社の兄弟がいます。ご存じの方もいるかも知れませんが、「明和電機」というアート・ユニットです。もともとは、お父さんが経営していた電機部品メーカーの社名を踏襲したもので、電気製品をモチーフにしたアート作品や音楽活動で知られているのですが、見かけは「電機会社の社員」というコンセプトなので、ユニフォームもブルーの、いかにもな感じの作業服なんですね。

それが逆にカッコよくて、私たちも彼らのシグニチャーモデルをつくっているメーカーを探しだして、色からデザインまで特注でつくってもらいました。そのへんの既製品で適当に間に合わせるというのは避けたかったんです。

「カデンのエトウ」の店舗の看板をはじめ、ホームページにもデカデカとレスキュー隊の写真が出ています。揃《そろ》いのツナギでそれぞれがポーズを決めていて、まるで「戦隊ヒーロー、〇〇レンジャー」みたいでコミカルに見えるかもしれません。もっと身も蓋もなくいってしまえば、「アホっぽく見える」。でも、それでいいんです。

いまお話しした「明和電機」も、やっていることは木魚《もくぎょ》を電気じかけで叩いて音を出す装置とか、「ワッハゴーゴー」というただ人間のように笑うだけのロボットの開発とか、

地域を守る「家電のレスキュー隊」というコンセプトを確立

「家電のレスキュー隊」という企業コンセプトに即した店舗デザイン

そういう一見なんの役にも立たないナンセンスでアホなことです。でも、そういうことを徹底して真面目にやるという、そのバカバカしさを追求したかったんです。外から見てバカバカしく思えるくらい、ひとつのことに一生懸命取り組むことが、一周まわってカッコいいというのか——。

そんなわけで、とにかくカッコよくやろうぜっていうのが、私たち兄弟の中にはありました。「カッコいいね」といわれることにつながりそうなことは、とりあえず挑戦してきたんですね。

でも、結局のところ、最後はやっぱり中身なんですよ。それがともなわないとどうしようもないということがある。中身がカッコよくなければ、たぶんスタッフもついてこなくなるでしょう。内容のともなわない、ただの「カッコつけ」だとそのうちメッキが剝げてバレてしまいます。中身が大事なのは、もちろん会社だっておなじです。経営者や社員がなんの指針ももたず、漫然とした日々を送っていたら、いくらご大層な理念を額に入れて飾っておいたところで、そんなものは絵に描いた餅に過ぎません。

経営理念は、つくったからそれで終了という類のものではないんです。むしろそこからが勝負の分かれ目になります。社員にそれを浸透させることができてはじめて意味をもつんだということを、よくおぼえておいてください。

経営理念をいかにして浸透させるか

えっ？　どうすれば、社員なりスタッフなりに経営理念を落とし込めるのか、お知りになりたいですって？

わかりました、ご説明しましょう。

かなり地道な話ですが、まずはスタッフに、理念をていねいに説明してあげてください。それから自分がだれかを定義させてください。余計な迷いが生じないように、しっかりと理解してもらうんです。そうすることで、目的意識が育つ土壌をまずはつくります。

あとはもうね、とにかく経営理念とか行動理念を、朝礼、夕礼、会議などあらゆる場面でくり返し伝えつづけるしかありません。今日の活動目的はなんなのか、今日なんのために自分たちがここに集まり、今日どういう価値が提供できるのか。これを毎日欠かさず意識させてください。

具体的にどう意識させるかというと、うちの場合であれば、家電のレスキュー隊としての理念と、日常の業務とを、ひとつのストーリーとして紐《ひも》づけするんです。「省エネ家電を売ることで暮らしを守った」「空気清浄機を設置して健康をレスキューした」というふうに、もうしつこいくらいに価値の変換をしつづけます。すると、その積みかさねでしだいに意識そのものが変わってくるんです。

どう変わるのか。

使命感や責任感が生まれてくるんですね。私たちの使命は、家電のレスキュー隊として佐伯という地域を守ることである。ゆえに、ここに暮らす人たちの生活や命をレスキューしていく責任がある。というね、自然とそういう思考回路になっていきます。だからもうとにかく経営理念を、ミッションを、アイデンティティを、スタッフ一人ひとりの血肉、DNAになるまで、何度も何度も確認し合っていくわけです。

それを積みかさねていくことで、スタッフ一人ひとりの目指すところが、ただ一点に絞られてくる。個人個人のばらばらな思いがひとつのベクトルへと向かい、それぞれの力が集中して何倍にもなって発揮されるわけです。

大安売りではなく、大きな安心を売る「大安〈心〉売り」へ

会社としての利益とか売り上げについても、やっぱり考え方はおなじです。まず真っ先に、経営理念を優先してください。私は心の底からそう信じてるんですが、その理念が人にとって、社会にとって、正しいものであり、かつ、それがきちんと遂行されていれば、お金なんて勝手に向こうからやってくるんです。

たとえば、私が、「先月は売り上げがけっこう落ち込んどるけん、今月はあと五〇〇万円は売り上げんと！」みたいなことをいうとしましょう。すると、みんなはどんな反応をするか。その言葉を聞いた瞬間から頭の中がフリーズする。彼らの耳にそれ以上の言葉が入って来なくなってしまうんです。いわば魔法の言葉ならぬ、呪いの言葉ですよね。「ああ、専務がなんかゆうとるわ」となって、表向きは神妙な顔をしていても、心は別の世界に飛んでいってしまいます。その結果、むしろ売り上げや利益はどんどんと下がっていくことでしょう。

もちろん、私たちは消防のレスキュー隊のような公務員ではありません。商売ですから、売り上げや利益も大事です。でも、だからといって売り上げだけを見てしまうと、今月は

先月より売れてない、利益が出てない、だからもっと売り上げを伸ばそうとかいう話になって、ついつい経営理念がおろそかになってしまいます。

お金も大事ですが、これもやはりストーリーとの紐づけを心がけることで、理念から目を逸《そ》らすことなく業務を遂行できるようになるんです。

たとえば、売り上げが上がってないということは、お客さんをレスキューできていないというふうに捉えます。つまり使命がおろそかになっていると解釈するんです。そう考えたら、利益なんかいったん横にぶん投げて、「もっとみなさんを助けなきゃだめやろ」という話になりますよね。だから私はスタッフたちに対して、数字を上げろとか、もっとがんばって売ってくれとはいいません。

もっとお客さんを助けよう、お客さんの役に立とう、レスキューしようといいつづけました。どうすればもっとお客さんの役に立てるか、それをみんなで考えようと。そう考えるほうがぜん、問題は解決へと向かっていくはずです。

当然、どんな仕事でも多かれ少なかれ利益目標とか、ノルマ的なものがあると思いますが、よく考えてみてください。そんなものは、結果として達成できていればいいだけの話です。利益を追求してはいけません。自分の使命を果たした結果、売り上げが上がった。

地域のみなさんの暮らしを守った結果、利益が出た。そういうことの積みかさねが、会社の質を大きく変えていくことになります。

ぜひにというなら話は別ですが、機械オンチのお年寄りにハイスペックのパソコンを売る必要はありません。なんだったら安価なロースペックのものを勧めましょう。でも、自信をもって勧められる健康測定器やマッサージ機器、浄水器なんかがあるのなら、そしてそのお客さんが健康に不安を抱えているのであれば、多少は値が張ったとしても、強くオススメしてかまわないと思うんです。ニーズさえ正しく満たしていれば、むしろ安く売るだけがお客さんのためではない。私はそう信じています。

逆に、大手量販店の「大安売り」とかいうのは、目先の損得勘定を煽《あお》っているにすぎません。ほら、「新製品が安い～♪」みたいなコマーシャルがあるでしょう。あんなものはいったい、なにとどうくらべて安いといっているのかわかりません。要するに、測定できないことを耳ざわりよくアピールしてるだけなんです。

うちの店がとくに心がけているのは、測定可能なサービスをするということです。ふわふわした話ではなく、「この商品はここからここまできっちりサポートします」とわかりやすく数値で示したうえで、どこにも引けを取らない具体的な「安心」を提供します。決して、高いとか安いとかで客寄せはしません。
「カデンのエトウ」では、経営理念の確立を機に「大安売り」へのアンチテーゼとして、新たに「大安〈心〉売り（だいあんしんうり）」というのを提唱しはじめました。

大安売りではなくて、中心に「心」を差し込んだ「大安〈心〉売り」です。くれぐれも「だいあんしんうり」とお読みくださいね。これは自分たちが、「家電を売る存在ではない、暮らしに大きな安心をもたらす存在なんだ」という宣言にほかなりません。この宣言に恥じないように、毎日お客さんたちと向き合っているんです。

こういう日頃の努力の積みかさねだけが、少しずつ、少しずつ、お客さんの信頼を勝ち得ることにつながっていくんだと思います。

経営理念の導入、その効果とは

ここまで、経営理念を社員なりスタッフに落とし込んでいく方法と、それを会社の利益とどう結びつけていくかについてお話ししたわけですが、要は、日頃から根気よく地道にやるしかないってことですね。「カデンのエトウ」も、ずっとこれを辛抱強くやってきました。

そうするとね、即効性はないのですが、あとから効いてくるんです。その効果は、順調なときというのは、まあうまくいっているだけに、あまり目には見えません。でもピンチを迎えたそのときにこそ、破壊的なまでにその真価を発揮します。

だからお客さん、会社に体力のあるいまのうちに一刻も早く、経営理念の構築に着手してください。きたるべき危機に備えておくのは、経営者たるものの責務だと、私は本当にそう思いますよ。

でも、こうして「将来必ず役に立つ」みたいな話ばかりしていると、「じゃあ、アイデンティティとか、ミッションとか、経営理念って普段は役に立たんのか?」「そんな、いつくるのかわからんピンチのためだけに労力なんか割《さ》けんぞ?」なんて誤解されるかもしれません。しかし、それは程度問題の話であって、普段から役に立つ効能だって唸《うな》るほどあるんです。

計画は立てるな!

いくつか列挙しますが、まず成長が習慣化しますね。

ほら、人はひとたび歩き方をおぼえてしまうと、それ以上、歩き方を磨こうとはしなくなるじゃないですか。歩けるのが当たり前だし、とくに不自由を感じなければ、ずるずると現状のまま時が過ぎていく。もっと速く、美しく、健康的に歩けるはずなのに、自ら成長を止めてしまうんですね。

ところが、常に理念を胸に刻んでおくことで意識が高まってると、慢心することなく成長しつづけるようになるんですよ、ほとんど自動的に。

内面だって強靭になります。経営理念を支柱に据えながら仕事をしていれば、事業目的も明確になるし、やりがいを持って仕事ができるようにもなるので、いつのまにか自信が生まれる。必然的に金銭的な利害で動くこともなくなるんです。

あらゆる局面における方針に一貫性が生まれ、行動しやすくなって、そうすると意思決定のスピードだって速くなる。

経営者の立場からすれば、理念がインストールされてる社員はブレることがないので、安心して仕事をまかせられますし、問題やクレームも格段に減っていきます。

もちろん、ブランド力もうなぎのぼりに高まりますよ。目指す一点がわかってるから、コンセプトに迷いがない。だから店舗やホームページ、社用車のデザインにも統一感が生まれ、採用基準にもはっきりとした指針ができる。

あとね、唐突ですが、「計画は立てるな」と声を大にしていいたい。だって計画って立てると必ず失敗するじゃないですか。どうしてだと思います？　あれも結局、方針が定まらないからなんです。方針のない計画なんか成功するはずがありません。では、方針が定まらないのはなぜか。要するに、理念がないからですよ。だから理念さえしっかりしていれば、方針も立てられるし、計画も成功させることができるわけです。要するに、すべては理念からはじまるということになります。

そのようなわけで、本当にいいことずくめというか、経営理念の導入であらゆることがスムーズに運ぶようになるんです。スタッフはみんな自らの進むべき方向を理解してるので、こちらが黙っていてもやるべきことを遂行してくれるようになる。そうなってしまえばしめたもの。経営者は、本来の仕事である意思決定に専念することができるという寸法です。

経営理念を導入するその効果たるや、まだまだこんなもんじゃありませんが、どうでしょうお客さん、一度チャレンジしてみる価値があるとは思いませんか？

第3章
提供すべきはモノではなく価値

どんなに主流でもダメなものはダメ

家電を売るのをやめた「カデンのエトウ」は、家電のレスキュー隊として再出発を果たしたわけですが、そのおかげで、会社としての内実はがらりと変わりました。家電を提供することの意味そのものが変わり、これが後に、ヤ〇ダ電機と戦うための重要な基盤となっていきます。

では、経営理念に則した商品提供とはどういうことか、お客さんにどういう家電をいかなる視点でオススメするのか、そのあたりを具体例を挙げつつ説明していきたいと思います。この説明の中には、小さな会社が大企業に勝つためのヒントも、多数含まれているかと思いますので、ぜひとも参考にしてみてください。家電のレスキュー隊ならではの家電選びは、はっきりいって必聴ですよ。

自慢じゃありませんが、私はそうざらにはいない家電バカですので、とにかくつまらない製品は、だれにも買ってほしくない。値段の高い安いにかかわらず、きちんとニーズに合った正しいモノだけをお売りしたいんです。こういうところは、もう完全に創業者である父ゆずりですね。うちの店は昔からそれを徹底していたので、大手の特約店には決してなりませんでした。なぜなら、売りたいモノだけを売るという信念がつらぬけなくなるからです。

どういうことかというと、昭和の頃の家電店というのはそのほとんどが、ナショナルショップとか、日立ナントカとか、東芝ナントカといったメーカーの看板を掲げてやっていました。寄らば大樹の陰じゃないですが、そうやって特約店になることで店舗の看板をはじめ、備品を揃えるための補助金が出るとか、いろいろ支援してくれるわけです。

それはそれで初期投資が押さえられるし、仕入れも安定して経営も楽になるでしょうが、逆にいうと、あとあとまでそれが手かせ足かせとなるわけです。

どことはいいませんが、「おたくはうちの特約店なんだから、○○社と○○社の製品はいっさい扱わせないよ」みたいなことが昔はよくあったようです。そういった縛りを父は拒んだんですね。独立独歩でいくタイプ。いまふうにいうとインディペンデント系というんでしょうか、うちはどこのメーカーにも縛られずに、売りたい製品を売るというスタンスでやっていました。大手メーカーの、たくさん売れば売るほど利幅が大きくなる、いわゆるリベートとか割戻しといったキャンペーンも、メーカーの都合でモノを売るのは嫌だといって、自分がいいと思ったものだけを売りつづけてきたわけです。

こういった反骨精神は、いまの「カデンのエトウ」にも脈々と受け継がれています。自由な立場なので、お客さんのニーズに合わせて、テレビはソニー、洗濯機は日立、掃除機はパナソニックというように、それぞれ製品の良し悪しや契約条件を秤《はかり》にかける。で、最終的にどこのメーカーからどの製品を仕入れるかを、そのつど判断していました。

もちろん、応援していたメーカーはありました。たとえばシャープです。お客さんも、やっぱり有名どころのナショナル・東芝・日立といったメーカーにしか目がいかない。シャープといっても「なにそれ？　シャンプー？」と真顔で聞き返される時代があったんです。後に一流メーカーとして広く認知されるようになりましたが、ブランド力がいまひとつで二流扱いされていて、そこらへんはサンヨーと似ていました。ま、判官《ほうがん》びいきという面もあったのでしょうが、ナショナルか東芝じゃないと買わないよというお客さんがほとんどの中、父は、「値段と性能から考えたらシャープを買ったほうがいいよ」と多くのお客さんに勧めていました。

それぞれの家電メーカーには、得手不得手みたいなものが存在します。冷蔵庫だったらパナソニックがいいけど、おなじ冷やす系でもエアコンだったら三菱がいいとか、そういう個性がかなり明確にあるんです。

仮に、A社とB社があったとして、カタログ上の性能では互角なのに、A社にくらべてB社のほうが明らかに故障が多かったりする。そんなことはカタログには載っていませんし、メーカーは死んでも書きませんが、私たちはそのことを知っています。なぜなら六〇年以上にわたる修理経験の蓄積があるからです。いまふうにいえば、変ないい方ですが「小規模のビッグデータ」をもっている。思えばこれも、頑固な父があらゆるメーカーの製品を取り扱ってきたおかげですが、各メーカーの得手不得手はすべてわかります。

中には、どうして毎年毎年、おなじ故障が出ているのに、構造を変えるなり、部品を変えるなりしないんだろう、と不思議に思わせられる製品もあったりします。一流とされているメーカーでさえ、そういうことがあるんです。そんな製品、私は絶対に勧めません。損得なんかいっさい抜きで、「お客さん、悪いことはいわないからB社じゃなく、A社のほうにしてください」とはっきりいいます。

あとで困るのは、だれでもない、お客さん自身ですからね。

テレビCMにどんなに好感度の高いタレントが出ていて、どんなに素晴らしそうに見えても、ダメなものはダメ。家電のレスキュー隊としては、自信をもって勧められるものだけをご提供する責務があると、そう考えています。

情報通ほどババをつかむ

値段にかかわらず最適なモノを買っていただく、なんていうと、「年寄りがなにも知らないのをいいことに、高い家電を売りつけてるんじゃないの?」とか誤解されたりもするんですが、では、「知っている」とはどういうことでしょう。若い人たちは家電のことをどれくらいご存じなんでしょうか。私は、「なにも知らない人」よりも「オレはけっこうわかってるよ」と思っている人のほうが、逆にヤバいと思っています。

中途半端な情報通が、いちばん厄介なんですね。

流行に敏感な人(流されやすい人というい方もできるわけですが)だとか、いわゆる「意識高い系」の人は、お店にきたとき、たいてい買う商品はもう決まっています。自称「情報通」ですから、テレビもよく見てるし、ネットでもいろいろ調べていたりして、確かにくわしいんです。

声の低い女性が紹介してくれるあの掃除機

そのいい例が掃除機です。あれをご存じですよね？　ほら、テレビのコマーシャルで声が低めの女性のナレーションがあって、吸引力がナンチャラで、世界でどうのこうのといってる、外国製のやつです。わかりますよね？　あれをみなさん、判で押したように買いたがる。私たちプロからいわせたら、あんなのは値段から考えたら「ウ――――ン」と首が折れるくらいの勢いで頭をかしげざるを得ない商品です。

やっぱり製品をつくるときの目線が違うんです。日本人ってなんだかんだいっても、やっぱり繊細なんですよ。細部にこだわるわけです。神は細部に宿るということをよくわかっている。家電ひとつとってもおもてなし精神というのでしょうか、かゆいところに手がとどく感じなんですね。

たとえば、はじめて日本にきた外国人が、まず感動するのがウォシュレットだってよくいわれてるじゃないですか。人類はじまって以来、何万年ものあいだ、葉っぱだの布だので尻を拭いていたのが、一五〇年くらい前にようやくトイレットペーパーが出てきて、以来、ほとんどなんの進化も発展もなかったわけです。ところが、自動で便器のフタが開いて、用がすんだら今度はお湯が出てきて自動でお尻を洗い、しかも温風で乾かしてくれる、そんな異次元の装置を日本人はつくってしまった。

そういうおもてなしの精神が、あの掃除機にはいっさいないんです。掃除機なんか、とにかくホコリでもゴミでもガンガン吸いまくれば文句ないだろ、という考えなんですね。あとのことは知らんと。

欠点もけっこうあって、たとえば、充電式ハンディタイプの引き金みたいなスイッチ、いわゆるトリガーが硬くて長く握っていられない。それと排気ですね。空気をものすごい勢いで吸ったら、当然ものすごい勢いで排出されますが、その排気がもろに顔にかかるんです。吸込口と排気口が一直線で並んでいるほうが効率がいいんだから、顔にかかってもそれはそれでしょうがないんじゃないの、って感じなんですね。

音だってやたらうるさい。千両編成の新幹線が通過していくのを待ってるような感じですし、さらにいえば、手入れもしにくい。実際の掃除よりも、掃除機の掃除をするほうが大変だというのはおかしいですよね。

日本のメーカーであれば、スイッチを軽くしたり、多少パワーや性能を落としてでも排気口を横に向けたり、音を小さくする工夫をするわけです。手入れのしやすさなんかだってかなり考慮しています。

じゃあ、どうしてこんなにあの掃除機ばっかり売れているのかというと、やっぱりマーケティングとブランディングに長《た》けてるからでしょう。

あとはあの甲高い声でおなじみの社長、いまは元・社長になりましたけど、例のテレビ通販番組の影響も大きかったと思います。まあ、とにかく見ていて気持ちいいくらい褒《ほ》めちぎりますからね。掃除機顔負けのすごい吸引力で、見てる人は、「あ、買わなきゃ損だ」とつい思ってしまうわけです。あとで大《だい》損するかどうかは知りませんけど――。

ですから私としても、こういう状況が非常に歯がゆいんです。どうしてこんなによくできていて値段も安い日本製を買わないいんだと。日本人だったらもっと日本製を買いましょうよ、と声を大にしていいたいですね。

映画『ライオン・キング』に出てきそうなお掃除ロボット

とにかくみなさん、ブランドみたいな目に見えないものに弱い。有名ブランド名がついていればなんでもオッケー、といった風潮はなんとかならないものかと思います。

掃除機の話の流れでいえば、自動で床を掃除してくれるロボットがありますよね。いわゆる、お掃除ロボット。この商品を買いにくる人も、ほぼ全員が外国製のあれを指名してくるんですね。語感がディズニー映画『ライオン・キング』に出てくるイボイノシシみたいな名前のお掃除ロボット。そう、「プンバァ」ですね。ここでは仮に「プンバ」と呼びますが、これも私からすれば、「ウ――――ン」。それなのに世界を席巻《せっけん》したわけです。

ロボット大国といわれる日本のメーカーが、なぜプンバに市場を乗っとられたかというと、日本人の生真面目さが裏目に出たのではないか、と私は思います。

日本人には、つくるんだったら九〇点くらいのものを目指すというのが、根底にあるわけですね。ところが、プンバなんかは五〇点くらいの完成度でも、とりあえず売って、市場を押さえてしまおうという考え方なんです。次のモデルで六〇点、七〇点というようにバージョンアップさせていけばいいだろうと。で、気づいてみれば、もうプンバが先駆者で、お掃除ロボットの代名詞的な存在になってしまっているわけです。

日本のメーカーは新製品の開発などにきわめて慎重なので、それが出た頃には、いつだってもう二番煎じ扱いなんですね。お掃除ロボットといえば「プンバ」という答えが返ってくるようになっている。いつもシェア争いに敗れてしまうわけです。

しかし、慎重だからこそ、良い製品を生みだしてきたという点では、正当に評価されるべきではないでしょうか。私はそう思っています。確かにいまはスピードの時代、マーケティングやブランディングの時代ですが、たとえ無名だろうと良いものは良いんです。

家電を選ぶとき、耳ざわりのいいうたい文句とか、みんながそれを選んでいるからとか、そういったことにばかり目を奪われないでください。多くの方々が「〇〇といえばもうコレしかない」みたいに思い込んでいて、というか思い込まされていて、「ほかにもっといいのがあるんじゃないの？」という疑いすらもたない状況は、かなりまずいと思います。

みんな、自分の意思で選んでいるつもりでも、実は他人に選ばされてるんです。氾濫《はんらん》する情報に惑《まど》わされてしまい、自分を見失っています。「選ばないという選択肢はない！」といわれたら、「ないな」と思ってしまうんですね、ほとんど脊髄《せきずい》反射的に。

私の基本スタンスは、商品のキャンペーンとかブランド、流行《はや》りとかそんなことは「ど――――でもいい」。

売れてる？「ど――――でもいい」。

宣伝？「ど――――でもいい」。

そんな感じでやらせていただいてます。ただ一点、この商品でお客さんの生活が守れるかどうか――それがすべての基準です。守れるなら「アリ」だし、守れないなら「ナシ」。

いくらテレビで宣伝していようが、流行していようが、お客さんを守れないものであれば、いくらお客さんがほしいといっても売りたくない。だから正直にそういいます。それくらいの覚悟をもってやっています。

「エトウ品質」流、家電の正しい選び方

では、私たちが具体的にどういった基準で製品選びをしているか、ひとつの目安としてご紹介したいと思います。

うちの店では、「カデンのエトウ品質に関するガイドライン」という規定を設けています。そこには、以下の三項目が明記されています。

1. 安心・安全・信頼
2. 長期的視点
3. コストパフォーマンス

カデンのエトウ品質に関するガイドライン

「われわれ家電のレスキュー隊は、家電のレスキュー活動を通じて、お客様のお役に立ち、社会に貢献します。」という経営理念を掲げ、「安心・信頼・お役立ち貢献 佐伯市No.1企業」を目指しております。そこには「エトウ品質」という、われわれが常に心がけている信念があります。

1. 安心・安全・信頼

　お客様がご使用になる家庭用電化製品に関して、常に安心・安全にご使用することができる製品であり、お客様の使用環境・使用条件に最も適した製品を提案および施工すること。

2. 長期的視点

　お客様がご使用になる家庭用電化製品に関して、自社修理工房において長年培った豊富な経験とノウハウを基盤に、耐久性・メンテナンス性等を長期的な視点で考慮した製品を提案および施工をすること。

3. コストパフォーマンス

　お客様がご使用になる家庭用電化製品に関して、最も優れたコストパフォーマンスが発揮できるよう、優れた製品の仕入れおよび提案を心がけること。ただし、安心・安全で、長期的な視点を考慮するという製品ガイドラインを遵守すること。

カデンのエトウは、「エトウ品質」という信念のもと、厳選された家庭用電化製品を取り扱っております。お客様に信頼いただける製品を提案・施工することで、お客様のお役に立ち、社会に貢献することが「エトウ品質」なのです。そして常にお客様の安心・安全な未来を目指しております。

有限会社 カデンのエトウ
代表取締役　江藤和起

「エトウ品質」は１～３の順序厳守がポイント！

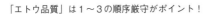

ここで最も重要なのは、1から3までの「一連の順序」です。完全にこの順番通りでなければなりません。

まずは、安心と安全を前提に、お客さんの環境や条件に最高に適した提案をする。次に、耐久性やメンテナンス性を重視する。そして最後に、可能なかぎりのコストパフォーマンスを考慮する。この順序が狂ってしまうと、値段重視になって安全性がおろそかに――なんてバカげたことが起こりかねません。だからうちでは必ずこの基準通り、順番通りに商品を選ばせてもらいます。

こうして厳選した製品を「エトウ品質」として、自信をもってお客さんにご提供するわけです。

このガイドラインにもとづいたうえで、お客さんの「不」を解消していくわけですが、前にもいった通り「カデンのエトウ」は、なにをいくらで売るかなんてことを考えるのはやめました。あくまで、家電のレスキュー隊という立場から、お客さんが「どう暮らしたいのか」という「感情（どう暮らしたいか）」と「結果（なにがそれを満たすのか）」にのみ注意を払います。

この順序もまた、実はとても重要で、絶対に逆にしてはいけません。家電という「モノ」

ではなくて、感情という「コト」を必ず優先するわけです。

とはいうものの、具体的にどう暮らしたいのか、どういった不快を解消したいのかをお客さん自身が答えられないケースだってけっこうあります。要するに、真のニーズが顕在化されてないんですね。

「感情の入り口」から真のニーズを見つけだす

その場合は、まずはじめに「感情の入り口」を用意します。「経済的不安を解消したいですか?」「健康的不安を解消したいですか?」「日頃のマンネリや退屈から解放されたいですか?」というように、感情のパターンを列挙するわけです。

「もっと電気代を安くしたい」とか、「最近、どうもつまんなくて」とか、真のニーズ、真の感情を知ることさえできれば、そこに標準を定めることで、星の数ほどある家電の中から、おのずとどんな商品を提供すればよいのかが浮かびあがってくるわけです。

経済的不安のあるお客さんには、イニシャルコスト(初期費用)とランニングコスト(維持費用)のバランスを踏まえたうえで、省エネ面で優れた製品、故障しにくい製品などを提案する。健康的不安を解消したいお客さんには、そのニーズに応じて、健康維持に直接的あるいは間接的に役立つ製品を提案する。日頃のマンネリや退屈から解放されたい方には、暮らしを楽しくする製品、わくわくする製品、ストレス解消に役立つ製品を提案するわけです。

少し意外でしょうが、豊かに暮らすという意味においては、この「退屈を解消する」というのがいちばん大切だと思います。だからこそ、こっちも腕が鳴る。家にいてもなんだか暇で寂しい、なんて人には、話し相手になるＡＩ機能つき家庭用ロボットを提案するかもしれません。また、退屈な時間をもっとリラックスする時間に当てたい、なんて人には「打たせ湯」「肩湯のある湯船」「カラー照明」「タワーシャワー」などストレスが吹き飛ぶような、究極のバスルームを提案するかもしれません。家にいながらにして世界中を旅した気分になりたいなんて人には、いまだったらＶＲ機器なんかもオススメです。

お客さんが心の底から求めていた商品を、お客さんと一緒に見つけだす。お客さんがどんな暮らしを望んでいるかを探り当てて、そこを一歩ずつ実現させていく。それがわれわれ家電のレスキュー隊が追い求める「町の電気屋さん」の姿です。

家電で守れる命がある

電気屋がいうのもなんですが、家電って、実はみなさんが思っている以上に、ものすごくありがたいものなんです。陰ながら、いつだって人々の命や健康を守ってくれています。命を守るとかいうと大仰《おおぎょう》に思われるかもしれませんが、ウソじゃありません。

よく電気のことを「ライフライン」とかいうじゃないですか。日本語でいえば「命綱」ですね。台風や地震、雷なんかの影響で電気がストップすると、ほんの数時間止まっただけでも、けっこうな騒ぎになるわけです。そんなとき、みんなしみじみ電気のありがたみがわかる、などといいます。

とはいえ、当たり前ですが、電気だけきてもしょうがない。コンセントにつながった電気コードの先に作動する機器、家電があってこその「ライフライン」なんです。

まあ、ふつうに考えたって、電灯をはじめ、テレビや冷蔵庫、洗濯機や掃除機、エアコンのない生活なんて、もはや考えられませんよね。家電というのは、そういうありがたくて大切なものですから、それを提供する側としては、真剣かつ慎重にお選びしなければなりませんし、正しい使用方法の普及にも努めていかなければなりません。

熱中症からレスキューせよ

たとえば、エアコンというのは、私たちの生活にとって最も重要なアイテムのひとつです。毎年、夏になると多くの方が、自宅にいながら熱中症で亡くなっていますが、これなどはエアコンが正しく使われてさえいれば、避けることのできた悲劇といえるでしょう。

クルマが極寒の雪山の中で、あるいは灼熱の砂漠の中でエンストしてしまったらどんなことが起きるか想像はできても、真夏、あるいは真冬にエアコンが壊れることは想像していない人が多い。

しかもエアコンは、部屋の温度や湿度の管理をしているだけではありません。ちゃんと使用すれば、エアフィルターが部屋の空気をきれいにしてくれます。「花粉／ＰＭ２・５／ダニ／菌」抑制機能つきや、除菌イオンつきなんかもありますしね。

そういう最重要家電のひとつですから、製品選びには徹底した考慮が必要です。その家の立地、部屋の広さ、家族構成や年齢などを慎重にヒアリングしたうえで、真のニーズを探り当てていく。お年寄りはいるか、お子さんにアレルギー症状はないか、そういった情報を分析し、もち得るノウハウのかぎりを尽くして製品を選びだすわけです。

肺炎を防ぐにはエアコン掃除をていねいに

ところで、このエアコン。ひとたび手入れを怠ると、逆に部屋の空気を汚染し、人体に害をもたらすことだってあります。よく知られているのが、エアコンの内部にたまった湿気などの影響によって繁殖するカビです。

このカビは、アレルギーや喘息の一因といわれています。

たとえば、「トリコスポロン」と呼ばれるカビは、それが放出する目に見えない小さな胞子を吸い込むことで、「夏型過敏性肺炎」という肺炎を引き起こすんですね。これがつづくと、最悪の場合、呼吸器不全を起こします。新型コロナウイルス禍《か》でも騒がれましたが、肺炎はお年寄りの死因の中でも常に上位を占める病気です。

つまりエアコンの選び方、手入れのしかたひとつで人の寿命が延びたり縮んだりするんですね。そこで重要になるのが、手入れの方法です。お客さんはどうされてますか？

定期的にエアフィルターに溜まったホコリを掃除機で吸うとか、たまに水洗いくらいはされていると思いますが、実はそれだけでは十分じゃありません。一年に一度は、プロに徹底的に掃除してもらわないことにはカビは防げないんです。

このとき用心しなければならないのが、業者選びです。だれでもお財布にやさしいほうがいいに決まっていますが、それはあくまで仕事のクオリティが同等の場合にかぎります。激安業者は低価格路線で客を引きつけ、とにかく数をこなすわけです。薄利多売といえば聞こえはいいですが、仕事の内実はとてもその額に見合ってはいません。

エアコンを分解して徹底的にきれいにしようと思ったら、けっこうな時間と手間がかかりますが、場合によっては、そのへんで売ってるエアコンクリーナーをかけておしまい、なんてところだってあるんです。台数をこなす必要があるため、予定の時間だからといって、途中で引き上げてしまうケースも……。でも、素人目には、手抜きかどうかの区別なんてつきませんよね。だから、お客さんはついつい安いほうを選んでしまう。

お金だけ払わされたのに、実はエアコンの中はカビだらけ。挙げ句の果てには、喘息にかかってしまい、高額な医療費を支払うはめに……。なんてことになっては「安物買いの銭失い」以外のなにものでもありませんから、くれぐれも注意が必要です。

あくまで目安ですが、購入したお店のスタッフが直接、設置や清掃をしてくれるところは、技術的にも高いはずなのでオススメです。いずれにしても、どういう掃除をするのか、きちんとていねいに説明してくれる業者でなければ話になりません。

エアコンは室外機で語れ！

ちなみに「カデンのエトウ」は、エアコンを提供する際、室外機にこだわって熱苦しく語ります。なぜなら室外機は、いわば「エンジン」に相当するエアコンの心臓部だからです。そこにパワーがなければ、温度を自在に調整することはできません。

その違いが如実に現れるのが暖房です。「冬は、エアコンじゃ頼りないから使わないよ」という方がけっこういますが、それはなぜか。人って暑いときには、温度が二、三度下がっただけでも涼しく感じます。一方、冬の寒い日などは十数度くらい上げなければ、あたたかさを感じないんですね。だから、そのときは室外機にパワーが必要となります。

それほど重要な部分なのに、エアコンを室外機で語るお店はまずありません。派手にコマーシャルしてるからすごいだろうとか、そんなことばかり語っている。車だとエンジンの排気量とかをみんな気にするのに、エアコンだとなぜか無視されてしまうんですね。

ここを理解しておかないと、一年のうちで夏しか使えないエアコンを買ってしまうはめになってしまいます。それは本当にもったいないですし、いざというときに役に立たないとなると、実はこれまた、怖い怖い結果を招きかねません。

死亡者数は交通事故の数倍!? ヒートショックの恐怖

たとえば、「ヒートショック」ってご存じでしょうか。簡単にいってしまえば、温度の急変で身体がダメージを受けること。冬にお風呂に入ろうとして、暖房の効いたあたたかい部屋から寒い浴室に行って倒れた、なんて話を聞いたことがあると思いますが、まさにそれこそがヒートショックです。夜中にトイレに起きて、冷たい便座に座ったまま、脳卒中で——というのもよく起こる事例です。これによって亡くなる方の数は、一説には、交通事故の死亡者数の四倍にのぼるといわれています。

死に直結する恐ろしい事象なのに、認知度は低いですし、対策もあまり講じられていません。交通事故の危険性はさんざん警鐘が鳴らされていますが、ほとんど無視されているのが、このヒートショックなんです。これでは犠牲者は増えつづける一方ですよね。

「カデンのエトウ」は、家電でヒートショックを防ぐことで、多くの人々の命が救えると考えています。要は、家電をもちいて家の中の温度を一定に保てばいいんです。それによって犠牲者はかなりの確率で減らせます。

具体的な対策としては、これは本当に簡単です。先ほどもご説明した通り、室外機に十分パワーのあるエアコンで家中をまんべんなくあたためるというのも、方法のひとつです。あるいは、あたたかい部屋から出たとき、脱衣所、浴室、トイレ、廊下など「寒い」と感じる場所に、ぽんと暖房機を置けばいいんです。それぞれ適材適所に、セラミックファンヒーター、ハロゲンヒーター、カーボンヒーター、オイルヒーター、パネルヒーターなんかを設置してください。各性能や適正については長くなるので詳述は控えますが、「カデンのエトウ」をはじめ、聞けば、どこの電気屋さんでもくわしく教えてくれるはずです。

ただ、浴室暖房機だけは強くオススメしておきたい。これには工事が必要となるので、導入に多少ハードルは上がりますが、寒い浴室から急に熱いお湯につかるのは、高齢の方にとっては本当に危険です。安いものでは五万円くらいからあるので、五万円で命を買い戻すと思って、この機会にどうかひとつご検討ください。

家電で人生は変えられる

家電で命が救えるという話をしましたが、実はお客さん、人生だって変えられるんです。

昭和の時代の三種の神器《じんぎ》「冷蔵庫」「テレビ」「洗濯機」を例に挙げるまでもなく、家電は、実際に人々の生活を大きく変えてきました。もはや、みなさんの生活を下支えする重要なインフラであることに疑いの余地はないでしょう。

人生とはイコール寿命、つまり時間です。ということは、人が生きていくうえで最も大切なのは時間ともいえます。その時間の使い方を変えてしまえるのが、家電製品の最も素晴らしい利点なんです。最近よく耳にする「時短家電」などはその好例で、本来、人間がやっていた労働を機械に肩代わりさせることで、節約できた時間を、家族との団らんや子どもの世話、趣味や娯楽、睡眠、休息などに当てることができるわけです。

人生というかぎられた時間をより有効に使えるのですから、毎日の積みかさねを考えればその威力は絶大です。だから私は、こういった効果の期待できる商品は、全力で勧めることにしています。

ここでとくに強くオススメしたいのが、「食洗機」と「ドラム式乾燥機能つき洗濯機」です。

食洗器は、家族の団らんを取り戻してくれる

晩ごはんのひとときっていうのは、家族団らんの貴重な場じゃないですか。真面目な話、

一日一日が二度と返っては来ない、宝物みたいな時間だと思うんです。

それなのに主婦であるお母さんは、洗いものがあるので食事どきの団らんの途中で中座して、ひとりぽつんと作業しはじめるのが当たり前。これではせっかくの憩《いこ》いのひとときがだいなしになってしまいます。一日に一度くらいはゆっくり話し合う時間がないと、家族が抱える課題に向き合うことだってできません。

でも、食洗器さえあれば、少なくとも時間の問題だけはバッチリ解決できるんです。洗いものはあとで機械が勝手にやってくれるから、ゆっくり食事をしながらたっぷり話し合って、親子や兄弟姉妹で笑い合って、ひと段落ついたら子どもたちには、あとかたづけをさせてください。食洗器まで食器を運ぶだけだから簡単ですし、家事を学んでもらう良い入り口にもなります。で、最後にお父さんがボタンを押すわけです。

お母さんはゆっくりできるし、置きものみたいに思われていたお父さんは威光を取り戻せるし、子どもの教育にもなるんだから一石三鳥です。これを使わない手はありません。

ドラム式乾燥機能つき洗濯機と食洗器で一年が四一〇日に!?

それとお客さん、普段から洗濯ってされてますか?　本当に大変ですよねぇ。主婦の方々は、あれに毎日かなりの時間を費やしてるわけですから、心底頭が下がります。

しかもタチの悪いことに、洗濯物っていうのは脱水後、すぐに干さなければクシャクシャになってしまうんですね。だから一度洗濯をはじめてしまうと、脱水終了時間にすべてのスケジュールが固定されることになるんです。日がな一日、洗濯物に縛られて過ごさなければなりません。

もちろん、衣服を清潔に保つという意味では、洗濯は絶対に必要なことですけど、でも、もしなんらかの方法でやらなくてすむのであれば、はっきりいってあの時間はむだといえます。解消できるのであれば、そうするに越したことはありません。

じゃあ、解消しましょうよ。

洗濯せずにすむ方法……ありますよね。ドラム式乾燥機つき洗濯機さえ買ってしまえばいいんです。ただ、ふつうの洗濯機では意味がない。あくまでドラム式乾燥機つき洗濯機をお買い求めください。なぜなら、「脱水して取りだす」「外に干す」「乾くまで待つ」「タイミング良く部屋に取り込む」という一連の作業が、ボタンひとつ押すだけですんでしまうからです。その選択をするメリットは計り知れません。

それとね、よく電気代がもったいないからといって、「天気のときは乾燥機は使わないわ」

なんて方がいらっしゃいますけど、そのほうがはるかにもったいないんです。絶対にちゃんと毎日使ってください。乾燥機があるのに洗濯物を干すなんて、それこそ人生の浪費以外のなにものでもありません。

だってね、お客さん。主婦の方々は、洗濯と食器洗いに一日三時間もかけています。もしこの時間が浮いたら、一週間で二一時間、一か月で九〇時間、一年で一〇九五時間も捻出できる計算になるんですよ。日数でいえば、四五日分以上。実に約一か月半も自由な時間をプレゼントしてもらったようなもんで、捉え方によっては一年が四一〇日に増えたとも考えられます。こんな素晴らしい効果に浴さないなんてあり得ません。

わずかな電気代を惜しむよりも、家電にまかせられることはすべてまかせて、それででてきたゆとりの時間を、あなたの人生を、もっと有意義なことに使いましょうよ。

こういうドエライ効果が期待できる製品だからこそのお願いなのですが、食洗器とドラム式乾燥機つき洗濯機については、清水の舞台から飛び降りるつもりで、両方合わせて三五万円前後の高性能のものを買っちゃってください。安物買いをしたために、たいして使いものにならないというのでは、目も当てられませんので。

でもね、これで仮に三時間浮いたとしたら、その浮いた時間でアルバイトをすることだって可能ですし、一か月六万円の収入が得られれば、たったの半年で回収できてしまう金額なんです。その効果を考えれば、ぜんぜん高い買いものなんかじゃありません。

好きなことを楽しむ時間や、家族を抱きしめるひととき、そしてかぎりある人生は、お金では決して買えないものです。でも、たまには買えてしまうことがある。しかもその価値は計り知れません。値段ではなく、どうかその価値に目を向けてください。

価値を提供できなければ意味がない

価値を提供できる商品は、なにも時短家電だけにかぎりません。たとえば、ここにひとりのお客さんがテレビを買いにきたとしましょう。

その人はどうして「テレビ」を買うのでしょう。もし口に出してそれを聞いたら、「アホか、テレビがほしいからに決まってるだろ」という答えが返ってくるに決まっているので私は聞きませんが、頭の中では考えます。テレビが壊れたので買いかえたいとか、家を引っ越したついでに新しいテレビにしたいとか、その理由自体はたいていお客さんのほうから話してくれますが、私たちが考えるのは、そこから先のことです。いま目の前にいるお客さんが、テレビを通してどんな満足を得ようとしているのかにフォーカスします。

ひと昔前、大型液晶テレビというのはとんでもなく高価でした。いまなら数万円で買える大型が五〇万も六〇万もした。それでもずいぶん売れました。それを買われたお客さんに後々会ったりすると、「あんたには散財させられたわあ」などといってくるんですね。でも、その方は一見文句をいってるようで、実は目は笑っている。別に文句をいいたいわけじゃなくて、いわゆる愛のある憎まれ口なんです。さっきの食洗器の話とも共通しますが、私が勧めた大画面のテレビが居間にやってきたことで、子どもとコミュニケーションをとる時間が増えたと逆に感謝してくださってるんです。

家族がひとつの空間に集まって時間を共有するというのは、原始時代に洞穴の中に住んでた頃から人間がずっとやってきたことで、それが自然なんだと思うんです。昔でいえば、焚き火とか囲炉裏《いろり》、外国なら暖炉とか、その代役をテレビが担ってきたんですね。

お孫さんに家に遊びにきてほしいお年寄りなんかは、思いっきり奮発して80型くらいの8Kテレビを買うのも手ですよ。あえて乱暴ないい方をすれば、あの世にお金はもっていけませんからね。だったら、あと二〇年か三〇年かわかりませんが、残された時間を少しでも多く、可愛いお孫さんと過ごしたほうがいいじゃないですか。

やっぱり孫たちにとっては、祖父母の家なんて、あんまりおもしろい場所じゃないんですよ。「はい、オモチャだよ」ってケン玉やダルマ落としを出されても困っちゃうわけです。しかも成長するにつれて、だんだんおじいちゃん、おばあちゃんの重要度というか優先順位は下がっていくわけですね。

「昔はよくきてたのに、最近来ないなあ」って、なんだか寂しいじゃないですか。

そこに、大画面テレビが登場するんです。もう、それ目当てで行くようになりますよ、孫たちが。ほんと現金なものです。家ではゲームばっかりするなと怒られるけど、こっちではやり放題ですからね。

「ワタシらのことは知らん顔で、もうゲームに夢中で……」

そう口ではこぼしてるんですけど、やっぱりうれしそうなんですよ。こんなふうに家電製品というのは、いろいろな価値を付与してくれます。お金がちょっと余計にかかったとしても、それによって得られる家族団らんとか絆というのはプライスレスですから。「カデンのエトウ」では、お客さんのそういう無意識のうちに欲しているニーズにフォーカスし、隠された価値を探し当ててご提供するということを常に目指している、なんていったらカッコつけすぎでしょうか。

人生最後の家電

価値あるものをご提供できるということは、なにものにも代えがたいよろこびです。

以前、こんなことがありました。

ある一軒のお宅にエアコンの取りつけ工事にうかがったときの話です。ひと通り工事が終わり、いよいよエアコンの試運転というとき、そこにひとりで住んでいるという八〇代の奥さんが壁に設置した室内機をしみじみと見上げながら、感慨深げにこうおっしゃったんです。

「これがうちの人生最後のエアコンになるんやろうかねえ」

「いやいやあ、そんな……」

もっと長生きしてくださいよ、といいかけて私は、その言葉を飲み込みました。ふとあることに気づいたんです。

だいたいエアコンの耐用年数は一〇年くらいといわれていますから、確かに奥さんがおっしゃったように、このエアコンよりも先に寿命を迎える可能性は十分あるわけです。

だからこそ、その前にエアコンが壊れて、また新しく買いかえるような目に遭わせるわけにはいかない。人生最期の日がくるまでこのエアコンを快適に使いつづけていただきたい。ずっと安心して使える「価値」をご提供したい。そう思いました。そしてこれほどまでに大切な仕事をまかされていることを、心底から誇らしく感じました。

そのことがあって以来、私は老齢、いわゆる後期高齢者のお客さんに接するときは、これがその方の人生最後の家電になるかもしれないと自らにいい聞かせながら、誠心誠意対応させていただいてます。また、これをきっかけに「価値」を提供することの意味をより深く考えるようになり、ほかの世代の方々ともさらに真摯《しんし》に向き合えるようになりました。

「カデンのエトウ」は、このように実務を通して一歩ずつ成長していきました。私たちの家電選びは、いつだって経営理念の実践です。そして、まっすぐに理念とむすびついたサービスの積みかさねだけが最後にものをいうのだということを、私たちは後々思い知ることになるのです。

第4章
経営理念で飯は食えるか!?

電気屋なのにラーメン⁉

経営というものが楽しくなってきた時期、実は私の中で、ある葛藤が膨らみはじめました。親から家業を引き継ぐだけでは、なにかもの足りない。もっと腕だめしがしたい。そんなふうに思いはじめたんです。

自分だけの力で一から挑戦してみたいという思いは、日に日に高まっていき、まあいろいろと実践していくわけですが、これはそんな頃の出来事です。「理念」というものを信じることが、いかに有効かつ万能かを証明する非常にわかりやすい事例だと思いますので、しばしおつき合いください。

前にお話ししたように、私は、大前研一さん主催の「大前経営塾」で論文を書きあげました。あのときのテーマは、「いかにこの佐伯市を発展させるか」でした。それを書いていてしみじみ感じたのは、自分がどれだけ郷土愛にあふれた人間であるかということです。すみません、カッコよくいいすぎました。要するに、自分が根っから地元ラブな人間だということにあらためて気づいたんですね。

そんな感じですから、頭の中には、常に「町おこし」がしたいという思いがありました。もともと佐伯市は、食べものの美味しさには定評のある町です。海があるので、魚の美味しい土地ですし、あと「ごまだしうどん」なんかも有名です。だから食に関するポテンシャルが高いことはわかっていました。で、もっと佐伯市をアピールできるコンテンツはないかな、と模索してるうちにたどり着いたのが、ラーメンでした。どのような経緯でたどり着いたかというと、やはりラーメンが好きだったことに端を発します。

最初のほうでもお話ししましたが、幼い頃から私は、兄とふたりでほとんど常食のようにラーメンばかり食べている、無類のラーメン好きでした。社会に出ると、佐伯の内外を問わずラーメンを食べる機会も増えていきます。そうなると、いわゆる「食べ歩き」「食べくらべ」が楽しみになっていくんですね。そこで気づいた最大の発見は、自分が当たり前のように食べていた佐伯のラーメンが「ふつう」じゃなかったということです。

はっきりいって「異端」、かなりの独自性をもったラーメンなんです。これは私にとってのコペルニクス的転回、天動説が地動説に変わったくらいの衝撃でした。

ほかの土地のラーメンを食べて、まず驚かされたのは麺が硬いってことです。よそのはとにかく硬い。たとえば九州でいえばトンコツ、トンコツといえば博多ラーメンが有名ですが、博多ラーメンには「ふつう」の上に「カタメ」があって、その上に食べるとバリバリ音がしそうな「バリカタ」。それよりも硬い「ハリガネ」、さらにその上にお湯にくぐらせて麺の粉だけ落とすくらいの「粉落とし」、きわめつけにはほとんど生じゃないかという「湯気通し」とかいうのまであって、硬ければ硬いほどエライという風潮があります。

ところが佐伯ラーメンは、どこで食べるラーメンよりも、とにかく麺がやわらかいんです。なんの予備知識もなく食べた場合、「これ、茹《ゆ》ですぎたでしょ?」という感想を抱かれるかもしれません。ゆるゆるで、出来損ないと誤解されても不思議じゃないくらいの、そういう麺なんです。そのきわめてやわらかな麺を、コショウとにんにくパウダー風味の効いたしょう油とんこつスープが、やさしくつつみ込んでいる。昔ながらのようでありながら、それでいてどこか新鮮な味わいがあります。その違いはきっと、佐伯市という風土からしか生まれない、特別ななにかなのでしょう。

なぜ、佐伯のラーメンだけが、ほかの九州ラーメンとは違うのかというと、地理的条件が大きく関係しています。佐伯というところは、大分県でもとくに交通の便の悪い「陸の孤島」と呼ばれるようなところです。なので、ラーメンもよその影響を受けず、独自の進化を遂げてきたのでしょう。いうなれば「ガラパゴス・ラーメン」なわけです。

そういった土地ならではの独自性や差異性を発見することも、ラーメンを食べることの魅力のひとつでした。で、あるとき、このラーメン食べ歩きのライフワークを、なにかたちにしたいと思い立ちました。そこで二〇〇九年くらいからインターネット上ではじめたのが、『ラーメンシンドローム』という名のブログです。

なにしろ数年後に、ラーメン趣味が高じて自分自身でラーメン屋を開業してしまうくらいのめり込んでいたので、そのマニアぶりが徐々に評判となって閲覧数も増えていき、そうこうするうちに佐伯市のケーブルテレビにも呼んでいただいて、グルメコーナーみたいなところで、ラーメンの話をするようにまでなったわけです。

地元の商工会議所でフェイスブックの無料セミナーが催されたのは、ちょうどその頃でした。アメリカで産声をあげたフェイスブックが、ついに日本語バージョンを公開したとのことで、仕事の役に立てられればと考え、私もこれに参加したんです。

フェイスブック、バズる！

当時は、フェイスブックの認知度は低く、受講者もまばらでした。そのおかげで講師の先生からほとんどマンツーマンで、この新しいサービスを習うことができました。

そんな中、話の流れで、「じゃあ、ひとつサンプルとしてフェイスブックに『カデンのエトウ』の法人サイトをつくってみましょう」ということになって、苦しまぎれに出てきた案が「佐伯ラーメン」のファンサイトでした。「佐伯ラーメン愛好会なんかどうでしょうか」といった私に、講師の先生も「あ、それいいですね」といったノリで、さっそくその場で先生がパソコンを操作して、ラーメンファンサイトをつくりはじめたんです。

あくまでも試作、サンプル用のサイトですから、深く考えることもなく先生がネットから適当に拾ってきたラーメンの写真をチャチャッとはめ込んでいきます。ざっと一五分くらいでフェイスブックのファンサイトができあがり、私と先生が管理人ということでフェイスブックのサーバーにアップが完了。あとは今後の写真や記事のアップ方法なんかの説明を受けて、その日のセミナーは終わりました。

その後、私自身がフェイスブックを利用してなかったこともあり、佐伯ラーメン愛好会は事実上の開店休業状態になっていて、たまにフェイスブックから「新しい投稿がありました」というメッセージはきていたのですが、見方もよくわからないので、しばらくそのまま放置してたんですね。で、あるときふと気になって、あれこれ手こずりながらフェイスブックを開き、愛好会のサイトのページを見たらとんでもないことになっていた。

大炎上ですよ。

ラーメンの写真数点と、ちょっとしたキャッチフレーズだけで、コメント欄が批判の嵐。結局なにが問題視されたかというと、そのサイトを制作した際、ダミーのつもりで載せた某ブロガーの写真が無断使用だというわけです。

まあ、確かにその通りで、謝罪文を一人ひとりに送ったあと、もうこんな面倒くさいことはコリゴリだと、サイトの削除をお願いしようと思ったときに、ふとあることに気づいたんです。たった何枚かのラーメン写真と「佐伯ラーメン～」の文言だけで、ネガティブな評価とはいえこれだけ大きな反響があった、いまでいうところの「バズった」ということは、それだけ「佐伯ラーメン」に対するみんなの関心度が高いんだなと。だったら、このままフェードアウトしてしまうのは、逆にもったいないなと思い直したわけです。

経営理念で飯は食えるか、という問いへの答え探し

それからは日々、ラーメンを食べるたびに写真を撮っては、逐一フェイスブックにアッ

プしていきました。私だけは手が足りないので、有志を募ったところ、頼りになる四人の仲間が集まってくれました。

仲間に管理を手伝ってもらいながら、一緒にサイトを育てていく。すると、だんだんと「いいね」の数が多くなっていく。そんな感じで運営をしていきましたが、この頃からようやく私の中で、地元愛とラーメン愛とが融合し、「佐伯ラーメンで町おこし」という明確なビジョンが見えてきたわけです。

このビジョンは私にとって、従来のアイデンティティ、ミッションとまったく矛盾のない、完全に地つづきのものでした。新たな使命や理念が芽生えたという話ではなく、地域をレスキューするための手段がラーメン、とでもいうんでしょうか。一見やってることは違っているようでも、その本質はおなじなんです。

では私は、このビジョンに具体性をもたせるにあたって、次になにをすべきか。前にもいったように、ただ計画だけ立てても、必ず失敗します。目指すところがはっきりしていなければ、うまくいくはずがないんです。ここで大切なのは、まず理念を定め、それをしっかりと落とし込むこと。それから方針を決め、計画へと移行する。理念なき計画は、しょせん絵に描いた餅に過ぎません。

ですから、このとき結集した私を含めて五人のメンバーは、チーム一丸となって、「佐伯ラーメンで町おこし」という「理念」をしっかりと共有する必要がありました。まずは、みんなの矢の標準を「理念」の実現という、ただその一点にのみ定めたのです。

五人のメンバーは、その後の活動の核となっていくわけですが、これは私にとってひとつの大きな挑戦であり実験でした。アイデンティティやミッションといったものが、電気屋以外のジャンルでも通用するのか。経験上はそこがまだ未知数だったからです。

そしてなによりも、父からさんざん聞かされた「経営理念で飯が食えるか」という問いへの答えを見つける、絶好の機会でもありました。

絶対無理をくつがえせ！

「佐伯ラーメン」の強みは、その独自性にありました。昨今のラーメンの最新トレンドといえば、デカ盛りの太麺とかが主流ですが、そういう流行りに右顧左眄《うこさべん》するところがありません。温故知新というんでしょうか、懐かしい味をとことん守り抜くことで、一周まわってニュー・オールドスタイルが完成してるんです。

ですから、なにかきっかけさえあれば、絶対に大化けするに違いない。私たちはそう確信していました。ラーメンファンというのは熱狂的なタイプが多く、ひとたび美味しいラーメンがあると聞けば、全国津々浦々、たとえそこが佐伯のような最果ての地であってもかけつけてくれる、そういう頼もしいやつらです。なんとか佐伯ラーメンをブランディングし、日本中に知らしめる良い方法はないか、と私たち五人は脳漿《のうしょう》を絞って考えました。

行政から補助金を受けるという手も考えましたが、なかなかうまくいかず、もう手弁当でね、どうにか「町おこし」にひと役買えないかと、地道に活動をつづけていったわけです。宣伝用チラシを数万枚刷って一〇〇万円とか、フリーペーパーに載せる広告費に数十万円とか、チームのみんなで身銭をきって、なにがなんでも町おこしをやりとげようと必死でがんばりました。

周囲からは笑われたりもしました。「絶対無理やけん、やめとけ」なんて忠告を受けたことも一度や二度じゃありません。でも、私は腹の底でこう叫んでました、「絶対無理はくつがえせる！」と。そんなもんは単なる思い込み、固定概念に過ぎないことを、身をもって証明したかったんです。

好機到来!

さまざまな媒体でアピールしつづけた結果、ついに転機が訪れました。突然、私のところに大崎裕史《ひろし》さんというラーメン界のビッグネームから連絡がきたんですね。前にもふれましたが、私も佐伯ラーメン愛が高まりすぎて、自分自身で「麺屋初代たけつぐ」というラーメン屋をはじめてましたし、ラーメン関係の雑誌や本はほとんどチェックしていたので、当然、大崎さんの名前は知っていましたから、びっくり仰天《ぎょうてん》です。

実はいまラーメンマニアのあいだでは、佐伯のラーメンが熱い注目を浴びつつある。自分も一〇年ほど前に一度だけラーメンツアーで佐伯を訪れたことはあるのだけれど、それ以降、佐伯には行っておらず、ついては佐伯まで出向いてラーメンのリサーチをしたいので、いい店を紹介してもらえないかという主旨の内容でした。

著者が開店したラーメン店「麺屋 初代たけつぐ」

なにしろ相手は、二〇一三年当時で通算二万一〇〇〇杯。

年間七〇〇〜八〇〇杯を完食しつづけている、「日本一ラーメンを食べた男」として知られた人物です。その人がわざわざ、この陸の孤島まできてくれるというのだから、これはもう私が直接アテンドするしかないということで、佐伯まできていただきました。

それが二〇一二年一一月の終わり頃のことです。

このときは一泊二日のスケジュールで、七、八軒まわりました。それから間を置かずに再訪された大崎さんの口から、信じられないような言葉が発せられたんです。

それは、佐伯ラーメンを来年、つまり二〇一三年に明星食品から発売される、ご当地ラーメンのラインナップのひとつに加えたいというものでした。さすがはラーメン評論のみにとどまらず、自身でもご当地ラーメンの商品化やプロデュースを手がける大崎さんだからこそできる力技です。これが実現すれば、閉ざされた土地だけで食されてきたガラパゴス・ラーメンが、「佐伯ラーメン」として全国区に名乗りを上げることになります。長年、佐伯のラーメンを愛しつづけてきた私が、ぜひ協力させてくださいと申し出たのはいうまでもありません。

しかしそうはいっても、ことはそうトントン拍子で進んだわけでもなかったようです。

新製品を出す明星食品にしてみれば、大分なら、やっぱり別府、湯布院でしょうと。佐伯といわれても知名度が低すぎて、マーケティング的にむずかしいのではないか、という声も上がったとのことです。それでも食べればわかるという大崎さんの進言に、明星食品は、実際に覆面調査員を何人か佐伯に送り込み、実食調査までしたらしい。なにしろ最低ロットが数十万食などという桁なので、売れないと大損害ですし、大崎さんにとっても今後の立場がなくなってしまうわけです。

そんなリスクを背負ってまで、大崎さんが商品化を進めた佐伯ラーメン、名づけて『明星 大崎裕史の美味しさ新発見！ 大分佐伯醤油豚骨ラーメン』ですが、力の入った宣伝もあってフタを開けてみたら大成功でした。

通常のご当地ラーメンの五倍近い売り上げを記録。生産が追いつかなくなるという事態にまでなり、二〇一三年三月二五日の全国発売開始の前に、東京で佐伯ラーメン販売記念イベントを開催するという話にもなりました。

そのときのイベントの告知を、当時の大崎さんのブログからここに引用させていただきます。

——このカップ麺発売を記念して、都内でもリアル佐伯ラーメンを食べてもらうことができないか？　といろいろ模索した結果、関東でおそらくいちばん佐伯ラーメンを食べており、何度か限定ラーメンでも提供した実績のある渡辺樹庵《じゅあん》さんと、地元佐伯のラーメン店「麺屋初代たけつぐ」店主に協力していただき、神保町の「可以《かい》」で一日限定でイベント開催することになりました——。

イベント当日の朝、会場となる店には、開始までまだ三時間以上あるのにすでに人が並んでいました。関係者やマスコミではなく、全員、佐伯ラーメン目当てのお客さんでした。カウンターの中で手伝いをしながら、目の前にずらりと並んだお客さんを見わたすと知った顔がチラホラ、全員有名ブロガーです。テレビチャンピオンの優勝者だとか、雑誌などでよく顔を見るジャーナリストだとか、ラーメン界の有名人がずらりと揃い踏みですよ。そこまで佐伯ラーメンが注目されているのかとうれしくなった反面、どんなことを書かれるのかという怖さで、身の引き締まる思いがしました。

後半、大崎さんを中心としたトークショーがあり、私も佐伯ラーメンの最新事情などを話させていただいたりして、イベントは無事成功を収めることができました。その後に出た記事やブログは、どれもめちゃくちゃ高評価。「さっそく、本場の佐伯に食べに行くことにした！」などの声も多くて、パソコンの画面を見ながら顔がニヤケっぱなしでした。

佐伯ラーメン快挙達成！

佐伯ラーメンの快進撃はさらにつづきます。毎年、全国各地のラーメンを集めて東京の駒場オリンピック公園で催されている「東京ラーメンショー」。なんと、その二〇一三年開催時に、佐伯ラーメンを出品してみないか、というオファーをいただいたのです。

このショーは、一一月下旬から一二月頭にかけての一〇日間、前後半の二回に分けて開催されますが、期間中、毎年約三〇万人の来場者が押し寄せてくるという超特大イベントです。一日あたり約三万人、二日とちょっとで佐伯市の全人口七万人を軽々と超えてしまう規模のイベントですから、お金さえ払えばだれでも出店できるわけではありません。きびしい基準や条件をクリアしたラーメンのみが参加資格を得られるわけです。

キャリアもなく知名度も低い、ぽっと出のラーメンが出られる可能性はまずないのですが、このラーメンショーのプロデューサーである大崎さんが、特別推薦枠というのをもっていた。「だから江藤さん、やってみないか」となったわけです。

なにしろ三〇万人という大舞台です。想像もつかない数の人間が、津波のように押し寄せてくる姿を想像して私は、全身の毛が逆立《さかだ》つ思いでした。けれども、「転ばぬ先の杖」を突きだせば、杖が多くなりすぎて、それにつまずいて転んでしまう。ここはもうあと先考えず、出たとこ勝負で走りながら考えればいい――。自信も勝算もないままに私は、「やらせてください」と手を挙げていました。

肝心のラーメンは、神保町のイベントでお世話になった新宿区高田馬場の『渡なべ』店主、私の師匠でもある渡辺樹庵さんにプロデュースをお願いすることができました。それだけが唯一の安心材料で、ほかのことはすべて手探りでやっていくしかありません。チーム名からして、「佐伯ラーメン愛好会」というシロート臭漂う名前でしたし、ヒト・モノ・カネすべてでありません。それでもボランティアを募ってヒトは確保。出店ブースは集まったメンバーで力を合わせて手づくりし、なんとかかたちにすることができました。

いよいよイベント初日、会場に入った私は知らず知らずのうちに、ため息交じりの「スゲーな」という言葉を連発していました。

私たちと順位を競うライバルたちは、どこも百戦錬磨の強豪揃い。ハードウェアにもすごくお金がかかっていることは一目瞭然でした。店の前には、派手なノボリがズラーッと並んでいて、ブースを飾る色とりどりのポップがひと目を引いています。

その一方、われわれの店はちょっと、いや、ちょっとどころじゃないですね、かなり見劣りがしました。ノボリはわずかに二本、たたみ忘れた季節外れの海の家、みたいな感じでしょうか。夏の甲子園にまぎれ込んだ田舎の弱小チームといった風情《ふぜい》です。

そんなわれわれのブースですが、パンフレットではこんな感じに紹介されていました。

――「交通の便が悪い土地柄で独自の進化を遂げたラーメン」ともいわれる佐伯ラーメンは、九州の中でも独特ながっつり豚骨ラーメンです。こってりとした豚骨醤油に、ニンニクと胡椒《こしょう》の風味が食欲をそそります。ぜひこの機会に、熱狂的な中毒者が多い佐伯ラーメンの秘密に迫ってください！　気がついたらあなたも佐伯ラーメンの虜《とりこ》になっているかも――。

（「東京ラーメンショー」ブース紹介より）

こうしてイベントがはじまると、佐伯ラーメンブースの前には、あっという間にとんでもない長蛇の列ができました。熱気、また熱気です。お客さんをあまりお待たせするわけにはいかないので、尋常じゃない数のラーメンをかぎられた時間で用意しなければならず、厨房の全員が、ほとんどラーメン製造機と化してがむしゃらにつくりました。しかしそれでも行列は果てしなく伸びていくばかりです。初出場で要領がわからないうえに、パニクってますから、とてもじゃないけど物量的に不可能という感じでした。

ところがです。前にお話ししたトム・ソーヤの話じゃないですけど、がむしゃらというか、無我夢中でやってる私たちがやけに楽しそうに見えたんでしょうね。比較的、手の空いていた隣のブースの店主が、「あのさ、おまえら手際《てぎわ》が悪過ぎ。見てられんからちょっとどけ!」といって、いきなり手伝いはじめてくれたんです。

彼は超有名店主だから、経験豊富で麺さばきがすごいんですよ。

猛スピードで次々にラーメンが量産されていきます。すると、そんな噂を聞きつけた別のブースの有名店主が、もうふたりばかりやってきて、「佐伯ラーメン? 聞いたことないな。とりあえず味見させてくれよ」とか、「おまえら、無鉄砲でおもしろいやつらだなぁ」とかいいながら、やっぱり自分のところのブースそっちのけで手伝いはじめてくれた。

渡辺樹庵さん（写真左）と佐伯ラーメン愛好会の仲間たち

「東京ラーメンショー」佐伯ラーメンのブースに長蛇の列!!

順位を競ってるはずの、いわば敵どうしのはずなんですけど、本当に一生懸命助けてくれるんです。それでね、やっぱり技術が素晴らしい。とんでもないスゴ技、神ワザの連続でした。ほんの一瞬で二〇杯分を茹でてしまうとかね、そのたび私たちも拍手喝采《かっさい》したりして。そんなこんなで、どうにかこうにかイベントを乗りきることができたんです。

やがてニッポン最大のラーメンの祭典は幕を閉じ、終わってみれば、なんと初出場で四〇あまりの参加チーム中、総合第三位という記録を達成しました。チームで力を合わせたのはもちろんのこと、本来なら敵だったはずのみなさんの力を借りることで、実力以上のパワーを発揮して勝ち得た結果でした。

この華々しい結果は、すぐに目に見える効果となって表れます。考えてもみてください、それまで聞いたことのなかった初参加のラーメンがすごい好成績を出したわけです。中学生がオリンピックに出ていきなり銅メダルを取ったようなもんですから、否が応でも注目が集まります。

会場には当然、ラーメン愛好者以外にもコンビニや百貨店、あるいは食品会社などたくさんの業界関係者がきていて、まあ、スポーツの世界でいえばスカウトですよね。そういった人たちが、ついこのあいだまで「佐伯ラーメンね、ふーん」みたいな感じだったのがウソのように、名刺をもって押し寄せてきたわけです。

こうしてめざましい成果を上げた二〇一三年を皮切りに、東京ラーメンショーには四度連続で出場を果たしました。これはすごいことで、いまでもタイトルホルダーとして大会記録に名を刻んでいます。

ちなみに私個人は、この事業でなんらの利益も得ていません。それでも佐伯ラーメンの名が全国区になったことで、地域にもたらすことのできた「経済効果」は絶大でした。ラーメン目当てに遠くから足を運んでくれる旅行者がどんどんと増えて、多くのお金を落としてくれるようになったんです。

これには秘策がありました。

イベントに出品したラーメンは、佐伯市伝説の名店「香蘭《こうらん》」（二〇一八年九月に閉店）をお手本にしたものですが、特定の個人店名をあえて控えめに表記させていただくことで、「佐伯ラーメン」という大きなくくりを前面に押しだしたんです。それによって佐伯のラーメン店全体が潤うような効果を狙いました。大きく間口をひろげることで、佐伯ラーメン全体のブランディングに成功したわけです。

ひとくくりに佐伯ラーメンといっても、それぞれの店に個性がありますから、一軒行ったらまた次の店を試したくなる。ハシゴするのもラーメン好きの特徴で、移動にはタクシーやレンタカーが必要です。ラーメン目的できた人だって、昼は観光、夜はお酒も飲むでしょうし、名物の海産物や郷土料理も食べてホテルにも泊まり、もしかしたら急に家電がほしくなるかもしれません（笑）。

そのようなわけで、「佐伯ラーメンで町おこし」は大成功となりました。もし大分県にいらっしゃることがあれば、ぜひ一度ローソンに寄ってみてください。レンジでチンするタイプの『佐伯ラーメン愛好会監修　佐伯ラーメン』が置かれているはずです。当初は企画モノだったにもかかわらず、約七年ものあいだ超ロングセラーとして売れつづけ、いまも地元で愛されています（二〇二〇年八月現在）。

私はその後、経営していたラーメン店を人にゆずりました。料理長を務めてくれていた方にひとり立ちしてもらったんです。佐伯ラーメンの旗のもとでがんばって、店も五年ほどつづけたわけですが、ある一定の成果が出たことと、呼び水的な役割を果たせたことで、自分の中でひと区切りついたからです。でも、いちばんの大きな理由は、やっぱりあの問いに対する答えが見つかったからでした。

経営理念で飯は食える！

他業種で一定の成果をあげられたことは、経営者としての大きな自信につながりました。自分のやってきたことは間違いじゃなかった。理念に忠実であれば、ビジネス成功への道は必ずやひらかれる。それを確信できたことが、私にとって最大の収穫です。

理念で飯は食っていける！

絶対無理はくつがえせる！

常識にとらわれて絶対無理だと思い込んでしまえば、すべてはそこで終わりです。絶対無理といわれたらそれはむしろチャンスだということを、私はこの「町おこし」事業で学びました。

「東京ラーメンショー」で助太刀してくださった別ブースの有名店主のひとりは、よほど楽しかったのでしょうか、翌年もわざわざうちのブースにやってきて、やっぱり自分のところのブースは人にまかせ、こちらを手伝ってました（笑）。もはや完全に佐伯ラーメン愛好会のレギュラー選手化していて、本当にもう感謝しかありませんね。あの方々から、私は大切なことを学びました。敵を敵と決めつけて遠ざけるのではなく、場合によっては、相手の懐《ふところ》に飛び込むことも大切だということを――。

ともに理念の大切さを学びながら突っ走ってくれた四人の仲間たちは、その後、それぞれの道でキャリアアップを達成しています。県議会議員として新人初当選を果たしたり、巨大グルメコミュニティーの運営者や商業デザイナーとして活躍するなど、幅広いジャンルで全員が全員、大成功を収めることができました。これもまた、理念の大切ささえ信じていれば、どんな分野でも必ず通用するという揺るぎない証《あかし》だと思います。

第５章
「カデンのエトウ」VS「ヤ○ダ電機」

戦わずして窮地に……巨大資本の脅威！

ここまでが、ヤ○ダ電機来襲以前における「カデンのエトウ」の、いわば成長譚《たん》です。時期的にかぶるエピソードもあるんですが、ま、そこはそれ。私という人間が幼少期から青年期をどう生き、どのように経営というものにふれ、なにを身につけてきたか。それをいかに実践とむすびつけ、なにを伝えようとしているのか。そんなことをおぼろけにでもご理解いただけたなら、当初の目的は達せられたはずです。

さて、ここから先はクライマックスというべき章の幕開けになります。

ちっぽけな会社が大企業と真っ向から対峙《たいじ》する——そんな局面は、ごくふつうに経営をしていくうえにおいて、めったにないことかもしれません。きっと感覚的には、対岸の火事のようなものに感じられるでしょう。ただ、そういう事態に巻き込まれてから慌てたところで、もはや手遅れです。それだけは確実だと思ってください。

だからお客さん、もし経営ってやつにたずさわるのであれば、つまり、少なからず会社や社員を守るべき責任を負っているのならば、あなたはいつやってくるかもわからない、あるいは永久に来ないかもしれない戦いに備え、常に周到に準備をかさねておく「義務」

があるんです。

数年前、現実に私たちの身にふりかかった困難、それをどう乗り越えたのか開示することで、これからお客さんが歩まれる道を照らすことができればと強く願いつつ、話をつづけさせていただきたいと思います。


家電のレスキュー隊として歩みだして約二年ほどのあいだ、経営は順風満帆でした。苦労して身につけた黄金の経営理念を引っさげて、地域のみなさんをお助けするべく西へ東へとかけずりまわっていました。が、いまにして思えば、それは知らず知らずのうちに、ぬるま湯の状況につかっていたということだったのかもしれません。そんなある日、風雲急を告げる出来事が起きたわけです。

二〇一二年、ヤ〇ダ電機来襲の一報——。

出店するのは自由だとして、ただ、その場所がひどかった。おなじ佐伯市内というばかりか、もううちの店のすぐ目の前でした。靴でも飛ばせばとどくような距離で、そこにはソーシャルディスタンス的な配慮など欠片《かけら》もありません。まあ、家電業界ではよくある話なのかもしれませんけど、しかしまさか、よりにもよってうちの店が標的になってしまうとは――。その事実が、自分の中でじわじわと現実味をおびてきたとき、正直、縮みあがってしまいました。

先ほど「家電業界ではよくある話」といいましたが、これがなにかの偶然とか手違いでないことは明白でした。業界における経営戦略の定石《じょうせき》なんですよ、こういうのって。新たに市場を育てるよりは、既存のマーケットに乗り込んでいくほうが、いろいろと手間が省けますからね。あえて意図的に、地元の量販店や小売店なんかのすぐそばに出店する。そしてあわよくば、市場をまるごと飲み込んでしまおうというわけです、さながら獰猛《どうもう》なホオジロザメみたいに。

向こうがホオジロザメなら、こっちはメダカですからね。今後、「カデンのエトウ」がどこに進めばいいのか、どうすれば巨大な腹の中で溶かされずにすむのか、私は、経営責任者としての正念場を迎えたわけです。

そうこう悩んでいるこちらを尻目に、ヤ○ダ電機の建設工事は淡々と、しかし景気よく盛大にはじまりました。

道幅が一〇メートルもない道路を隔てたすぐ向こうは、もうヤ○ダ電機の駐車場予定地です。その駐車場と建物を含めた規模でいったら、「カデンのエトウ」の優に一〇倍ぐらいでかい。大きさでいったらそのへんの小学校の体育館とロックの殿堂、日本武道館くらいの違いがあります。さらにいえば、その資本力の差ときた日には、もう……。

なにしろ大規模店ですから、すぐに工事がはじまったとしても建物が完成して開店するのは一年後になります。その一年のあいだになんらかの対応策を取らなければなどと考えていたのですが、違った。そんな考えがあまかったことをすぐに思い知らされました。

このとき、すでにヤ〇ダ電機との戦いははじまってたんです。

いや、「戦い」などというと対等な感じがしますね。ヤ〇ダ電機による「カデンのエトウ」つぶしははじまっていた、といったほうが妥当かもしれません。

情報戦のはじまり――出店前から買い控え

まず、なにが起きたかというと、あるときから客足が減りはじめ、店の売り上げが日に日に減っていったんです。いったいどういうことだろう、と当初は首をひねるばかりでしたが、やがてその正体が判明します。

売り上げ減少の原因は、「噂」でした。

噂というと曖昧《あいまい》ですけど、要するに「情報」ですね。ヤ○ダ電機が佐伯にできるという情報が、あっという間に町の人々のあいだをかけめぐったわけです。この手の噂はとかく速く広がるものですが、現代はネット社会ですから、そのスピードはほとんど一瞬でした。

そうなると、なにが起きるか――。

そう、前にも少しふれましたが、買い控えです。

どうせ家電を買うなら、一年待ってでもヤ○ダ電機で買ったほうがいいだろうと、だれもがいっせいにそう考えたわけです。なにしろ向こうは新規開店ですよ。英語でいえばグランドオープンですから、絶対に開店記念の特別セールをやるだろう。しかもふつうの期末や年末セールよりもっとずっと安く売るに違いない、なぜなら英語でいうところのグランドオープンなのだから。というね、それが実際にそうなろうがなるまいが、お客さんはみんな勝手にどんどんと期待を膨らませていくわけです。

だったら、もしいま使っている電気製品に多少の不便があっても、しばらくは寿命の尽きかけたポンコツで耐えしのぎ、後日、ヤ○ダ電機で安く買おうと考えるのが、いわゆる消費者心理というものでしょう。

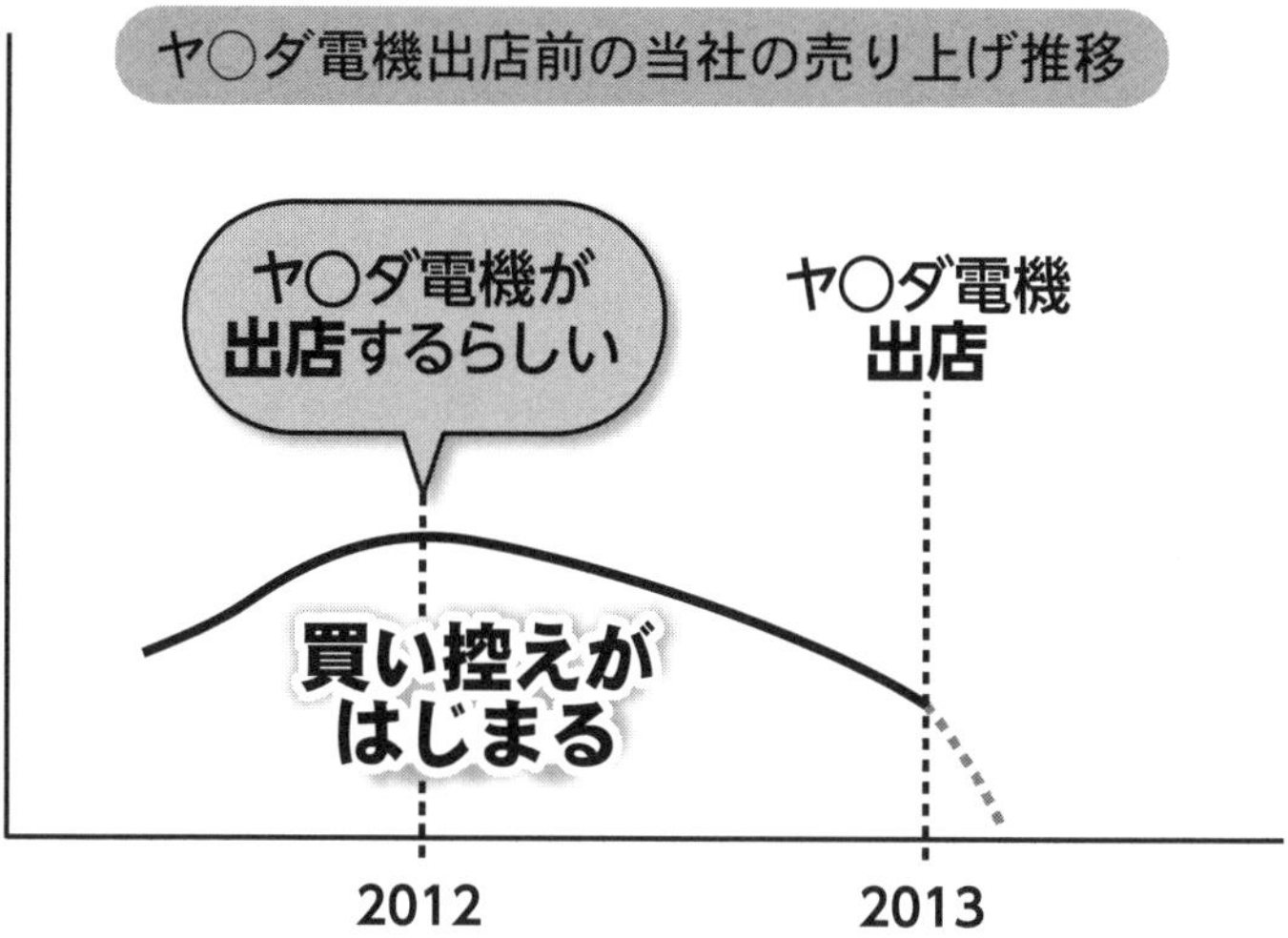

ヤ〇ダ電機出店前からすでに買い控えの影響が……！

巷《ちまた》ではちょうどその頃、テレビ電波のアナログから地上波デジタル放送への切りかえが迫っていて、業界中お祭り騒ぎといってもいいくらいの、またとないビジネスチャンスが訪れていた時期でした。いうなれば電気屋としては、まさに書き入れどきに買い控えが起きてしまったわけですね。いま思いだしても、本当にあのタイミングはきつかったです、売り上げ的にも、そして、精神的にも。

ヤ〇ダ電機出店の情報が出まわりはじめて以降、日に日に減っていく売り上げをながめながら私は、巨大資本の恐ろしさというものをまざまざと見せつけられた気がしました。意識的であれ無意識的であれ、ただ「あのヤ〇ダ電機がやってくる」という「情報」が流布されるだけで、戦う前から競争相手に強烈なダメージを与え、じわじわと弱体化させることができてしまえるんですから。

いやね、強大な資本が弱小企業をそのマーケットごと飲み込み、ますます大きくなってゆき、やがて市場を独占していく――そんな弱肉強食を地でいく現在の自由主義経済に、いくら私が異を唱えたところで、それこそごまめの歯ぎしりくらいにしかならないことは、よくわかっています。

それにヤ〇ダ電機は、別に違法なことをしているわけじゃありません。彼らは市場経済の原則に則って、単に「利益の最大化」を狙っているだけで、そこに相手を困らせようとか苦しめてやろうなどという悪意など存在しないんです。もうね、きわめてシンプルなんですよ。肉食獣がほかの生きものを襲って食べるのとおなじです。これはまだ子どもだしかわいそうだから見逃してやろう、というような感情はありません。ただ捕食者としての生存本能があるだけです。

だからこそ、逆に怖いな、と私は思いました。

なぜなら、そこには情だとか忖度《そんたく》だとかの入り込む余地がまったくないからです。ちょっと勘弁してよ、少しはこっちの事情も察してくださいよ、などと泣きを入れても通用するはずがないんですから。

過酷な風評被害でさらに窮地に！

買い控えの理由は、やがて「開店セール」への期待だけにとどまらなくなりました。泣きっ面に蜂《はち》とでもいうんでしょうか、さらに追い討ちをかけるかのように、「ヤ○ダ電機ができたら、あそこは遅かれ早かれ間違いなくつぶれるな」「そうなったらあそこで商品を買って、もし故障するようなことがあっても、アフターサービスが受けられんぞ」なんて風評が、ＳＮＳやらで飛び交うようになったんです。

巨大なヤ○ダ電機に、あんなちっぽけな「カデンのエトウ」が太刀打ちできるはずがない。アリは象に踏みつぶされるもんだという、頭ごなしの決めつけというか固定概念が、ネット上の書き込みからひしひしと伝わってくるんです。

けっこうね、みなさんおもしろおかしく落書きしてくれて（苦笑）、当事者としてはかなりつらいものがありましたね。なにげないイタズラ書きが、売り上げにガツンと響くわけですから。自分たちとしては、量販店に真似のできないサービスを提供しようと精いっぱいがんばってきたつもりでしたが、それがなかなか伝わらないことが非常にもどかしく感じられました。個人商店は弱い、という思い込みの壁に阻まれてしまい、どうしてもこちらの声がお客さんまでとどかない。

それでも、ずっとつき合ってきた年配のお客さんなんかは、「やっぱり、エトウさんのとこが安心やけん」といってうちで買おうとしてくれました。ところが、その息子さんくらいの世代の方はそうは考えません。ネット情報に敏感なので、リスクを考えて親を懸命に止めるわけです。「やめとけ、あそこは必ずつぶれるから」「ネットにそう書いてあるんやから間違いない」と、そういって親を説き伏せてしまう。彼らの頭の中では、もう完全にうちがつぶれる前提になっていて、断じてあそこから買ってなるものかというね、そのぐらいのすさまじい逆風が吹き荒れてましたよ。

こうなるとね、もはや消費者からしたら、ヤ〇ダ電機出店ですらどうだっていいんです。損をしたら大変だということで、まずは倒産するに違いない「カデンのエトウ」から、いっさいモノを買わないことが最重要事項となってくるわけですね。

そういえば、こんな意地の悪い書き込みもありました。「エトウは、ヤ〇ダ電機の修理部門になる」というのです。どこからどういう発想でわいた話なのかさっぱりわかりませんが、しかもそれだけじゃありません。「佐伯で家電を買うなら、これからはヤ○ダ電機で安く買って、取りつけや修理だけエトウに頼め！　これが最強にお得な購入術だ！」などとネット上で盛んに焚きつけるんですよ。「カデンのエトウ」はヤ○ダ電機の残務処理だけやっておけばいいんだ、とでもいわんばかりのことを、さも得意げに吹聴《ふいちょう》するわけですね。これにはさすがに不気味な悪意さえ感じました。

そんな根も葉もない噂が、まことしやかに流れている状況でしたから、客足はますます遠のき、業績はつるべ落としに下がる一方でした。店の真向かいの建設現場で杭打ち機が響かせる、ドッカン、ドッカンという大きな音が、まるで終末までの「時」を刻む時限装置のように聞こえてきたのを、いまでもはっきりとおぼえています。

どうすれば生き残れるのか

いま思いだすと、やっぱりかなり追いつめられてましたね、精神的に。どれだけ考えても、どうあがいても、右肩下がりの売り上げを回復させられるとは思えない。夜、布団《ふとん》に入っても、これから先の店のことやスタッフたちのこと、家族のことが頭からこびりついて離れず、眠れない日々が長くつづきました。

ヤ○ダ電機の頒布拡大によって、ほかの地域の店がどうなったかということは、情報として入っていました。大手でもボコボコにやられて買収されて子会社化されたり、中堅どころでもコテンパンにやっつけられて踏みつぶされて、といった感じです。

家電量販店どうしの争いについては、しばしば訴訟なども起きて新聞ネタになっていました。たとえばA電機の価格が○○円なら、うちはさらに安くしますと店内に表示をしたりする。するとA電機も対抗しておなじことをやる。テレビドラマ『半沢直樹』じゃないですけど、やられたらやり返すといった、無益な消耗戦をくり返していた。でもそれがある種、業界のトレンドというか、生き残りをかけた大戦国時代の家電量販店のやり方だったんです。

そうした荒波が今度は私たちまで飲み込まんとしているわけですが、いくら寝ないで考えても、こちらに与えられた選択肢はかぎられているように思えました。

まだ傷の浅いうちに廃業して別の仕事を探すか、ヤ○ダ電機の影響がおよばないような遠く離れた場所に移転するか。あるいは、思いきってヤ○ダ電機の軍門に下ってその傘下に入るという手もあるでしょうし、さもなくば、当たって砕けろ精神で正面から戦いを挑んで花と散るか。一般論でいえばそんなところではないでしょうか。

べ○ト電器やツ○モ電機、コ○マ電機などをはじめとした家電販売店がたどってきたように、会社の名前を失い、ヤ○ダ電機に吸収されるという末路も考えられました。

しかし、これだって相手が受け入れればの話ですからね。どれほど泣いてすがったところで「あんたらなんかいらん」といわれてしまえば、それまでなわけです――なんて弱気なことまで考えましたよ、当時は。なにしろ経営責任者としては、身内のみならず、スタッフやその家族のことまで考えなければいけない。守らなければいけない。そういう立場でしたからね。夜も昼も、あらゆる可能性を考えに考え抜きました。

巨人、ついに上陸

二〇一三年の某日、ついにその日がやってきました。ヤ○ダ電機のグランドオープンです。永遠にこの日が来なければいいのに、という私の祈りは無慈悲にも反故《ほご》にされたわけです。もちろん、そんなことははじめからわかってましたけどね。

にぎにぎしい宣伝のもとでの華やかな開店セールは、まさに千客万来の様相を呈してい

ついに、ヤ〇ダ電機出店の図！（あくまでイメージです）

ました。ヤ〇ダ電機の敷地をぐるりと囲むように立てられた、色鮮やかなノボリが長い列をなしながら風に激しくたなびき、あたかも戦国時代の合戦場を思わせます。

やっぱデカいな――。

店の前に立ち、目の前にそびえ立つ大きな建物を、半ば呆然とながめていると、向こうからヤ〇ダ電機のハッピを着た男性が近寄ってきました。宣戦布告か――と不穏なものを感じて身がまえていると、これがドラマだったら、いかにも強欲《ごうよく》げで人相の悪い男が、不敵な笑みとともにやってくるところでしょうが、現実には、私とおなじかちょっと若いくらいの、ごくごくふつうのサラリーマンといった感じの方でした。いくぶん拍子抜けしていると、ご近所さんへの挨拶《あいさつ》のつもりなのか、別段、肩に力の入った様子もなく世慣れた感じで、「これからご近所さんとして、ひとつよろしくお願いします」とか他愛のないことをいうわけです。

「よろしくお願いしますじゃないだろ、バカヤロー」などと私がいうはずもなく、「こちらこそ。なにとぞお手やわらかに」とていねいに返して、その場は穏やかに別れたわけですが、いよいよといいますか、ついに戦いの火蓋《ひぶた》が切って落とされたのでした。

で、その「火蓋」というフタを空けてみたら、わかりきっていたことではありましたが、やはり売り上げはそれまでに輪をかけて激減したのです。

相見積もり地獄

まあ、ある程度の覚悟はしていましたが、ヤ○ダ電機の開店は、予想を遥かに上まわるダメージを「カデンのエトウ」に与えました。

お店はというと、こういうのを「閑古鳥《かんこどり》が鳴く」っていうんでしょうね。辞書とかの「閑古鳥」の項に写真をそのまま掲載したいくらいの惨状でした。見ていると、お客さんがおもしろいようにお向かいさんに吸い込まれていくんですね、磁石でひっぱられるみたいに。

お客さんがきたかなー、と思うと向こうに吸い込まれ、またきたかなー、と思うとまた吸い込まれ、というパターンのくり返しで――だったら逆に、今度も来ないかなー、と思うと本当に来ないんです。

そのうえ、たまにお客さんがきたと思ったら、見積もりだけだったりする。ヤ○ダ電機の「他店のチラシをおもちください。どこよりも安くします！」という宣伝文句に触発されて、わざわざうちの店に相見積もりをとりにくるんですよ。

で、うちも精いっぱいがんばって見積もりを出して、アフターサービスの素晴らしさなんかをていねいに説明するんですが、たいていは馬の耳に念仏。やっぱり目先の安さだけを金科玉条《きんかぎょくじょう》みたいに信じてる方が多いので、その紙きれをもってヤ○ダ電機へとよろこび勇んで走っていくんです。で、お客さんはうちの見積もり書をもっていって見せますよね。そうしたら、当然、ヤ○ダ電機はうちよりも安値で提示してきます。じゃあ、今度はその値段をうちがさらに値引きできるかというと、もう無理なんですね。

ヤ○ダ電機のような量販店と、うちのような小規模店では、すでに仕入れの段階で勝負が決まっています。そうやってうちのお客さんを根こそぎ、いわば底引き網のようにかっさらっていくわけですからたまりません。われわれは、そのさまをただ呆然とながめているよりほかない。

しかもです。この相見積もりがいつしか好評を博してしまい、「ヤ○ダ電機で買う前に必ず『カデンのエトウ』で相見積もりをとるべし」みたいな風潮が広まってしまった。

悪い冗談みたいな話ですが、連日そういう人たちが、もうわんさかやってくる。でも彼らは結局のところ、ヤ○ダ電機で買うことがほとんどですので、煩雑《はんざつ》な事務作業ばかりが増えて一円の利益にもなりません。売り上げは減る一方なのに、なぜか雑務ばかりが増えていくという、わけのわからない悪循環に陥ってしまった。ホント勘弁してくれーという感じでした。

戦慄！　ヘッドハンティング！

災難はどこまでもつづきました。買い控えやネットでの風評被害に加え、今度は相見積もり地獄というわけで、こちらはもはや瀕死の状態だったわけですが、いやぁ、さすがです。さらに容赦なくたたみかけてくるんですね、大企業ともなると。

なんと、うちのスタッフたちに引き抜きをしかけてきたんです。

いわゆる「ヘッドハンティング」というやつでしょうが、こっちよりも高い条件を提示して、家電レスキュー隊のユニフォームを脱がせ、あろうことかあのハッピを着せようっていうんだから、とんでもない話です。

正直、この話を聞いたときはいろんな意味で、すーっと血の気が引きました。敵の本気度を思い知ったといいますか、おいおい、そこまでやるのか、と。

あのですね、お客さん。やっぱり経営側にとって会社の社員とかスタッフとかって、なにものにも代えがたい財産なんですよ。利益を生みだせるようになるまで、長い年月をかけて仕事をおぼえてもらい、その間、人間どうしの絆だって深め合っていくわけです。

向こうさんはおそらく、たいして悪気《わるぎ》なんかないんでしょう。知識も技術もあって、この地域の人脈もそなえた人材を手っとり早く見つけようと考えたとき、たまたま目の前にうってつけの電気屋があって、これ幸いと声をかけてきただけなのかもしれません。無邪気といえば無邪気だし、ましてや犯罪行為というわけでもないので、非難するのは筋違いだといわれれば、まあ確かにそうなんです。

でもね、私たちが長年かけて育んできた市場の流れを、あとからやってきて悠然と奪い去り、今度は、大切なスタッフまで引き抜こうというんですから、さすがにこれはひどいと思いました。ひどいというか、憤《いきどお》りをおぼえましたよね。こっちはなんにも悪いことなんかしていないのに、理不尽に身ぐるみ剥がされていくみたいな、大切なものを次から次に奪われていくみたいな、そういう状況に無性に腹が立ってきた。どんなことがあっても絶対に負けたくないって、本当に心からそう思いました。

しかし一方では、ひょっとしたらそのほうがスタッフたちにとって幸せなのかも、なんて迷いもあったんです。おとなしく身を引いてといいますか、佐伯から撤退する道もそろそろ視野に入れなければならないのではないか。そんな考えがどうしても頭から拭い去れませんでした。

「形見のホース」の修理依頼

ヤ〇ダ電機との生き残りをかけた戦いの渦中、ある仕事が舞い込んできました。遥《はる》か千葉県から、「カデンのエトウ」に修理依頼の荷物がとどいたのです。中には、古びた掃除機のホースが一本入っていました。特別なものでもなければ、高価なものでもありません。新品を買ったところで、せいぜいが数千円といったものでしょう。大分県にわざわざ高い送料を払ってまで、修理依頼をするようなものとは思えませんでした。

私はすぐに、依頼主と電話で話したというスタッフを呼んで確認しました。

「こんな古いホース、なんで修理する必要があるんやろ？」

スタッフは、私の目をまっすぐに見て、「実はこれ、亡くなったお母さまの形見の掃除機のホースだそうで」といいました。

その答えを聞いて、なんていうんでしょうか、魂を揺さぶられる思いがしました。私がさっさと新品に交換すればいいと考えたぼろぼろのホースは、依頼主にとっては、かけがえのない形見の品だったんですね。

「……そうなんやぁ。でも、なんでわざわざ千葉からこんな、佐伯くんだりの電気屋に修理依頼したんやろか」

「これ、息子さんからの依頼なんですけど、実は……」

聞けば、この息子さん、形見のホースを修理してくれるお店を手を尽くして探しまわったそうなんです。ところが、どこもかしこも相手にしてくれません。

理由はさまざまでした。

某大手家電量販店は、「いまはもう生産してない掃除機なんで、修理部品が手に入らないんですよ」とけんもほろろだったらしい。地域にある小さな電気屋では、「形見の品なんでしょ？　かなり古いから、もし修理の途中で破損でもしたら責任がもてないよ」と断わられたそうです。

それでも息子さんはあきらめきれずに探しまわったそうです。で、ネット検索から偶然たどり着いたのが、「カデンのエトウ」のホームページだった。私たちの経営理念、行動理念を読むうちに「ここしかない！」と直感したそうです。

それを聞いて本当にうれしかった。

なんといいますか、四面楚歌《しめんそか》のようなこのきつい状況下で、ようやく報われたような気がしたんです。

私たちは、父から「カデンのエトウ」を引き継いだ後、ずっと町の電気屋としてどうあるべきかを模索してきました。大手家電量販店にできなくて、私たちだから提供できること。それはいったいなんなのかということをずっと考えてきて、たどり着いたひとつの答えが、「お客さんが大事にしていることを、おなじくらい大事にできる店でありたい」というものでした。そしてその想いを込めてつくったのが、経営理念なんです。それに目を通してくださった方が、私たちの熱い気持ちに共感し、信じてくれたのであれば、これほどうれしいことはありません。

さっそく腕まくりして修理に取りかかったところ、やがて不具合の原因が判明しました。

「ゴミづまり」です。

決してホースを傷つけないように、針仕事さながら、慎重かつ丹念にゴミを取りのぞいていきました。それから、スイッチや細かな溝の奥の奥までピカピカに磨き上げました。修理しながらね、やっぱり私たち兄弟を苦労しながら育ててくれた、いまは亡き母のことが否応なく思いだされてしまって、ここだけの話ですけど涙が止まりませんでした。

家電のレスキュー隊は、アンパンマンになりたい

無事に修理が終わり、依頼主の息子さんにお知らせしたところ、電話の向こうの声はうれしそうに弾んでいました。どこか声をつまらせているようでもあって、深い深い感謝のお言葉もいただきました。でも、本当に感謝しなければならないのは、私たちのほうだったんです。この依頼を通して、「お客さんに寄り添う」ことの大切さをあらためて教えられたからです。

もし、「カデンのエトウ」が利益やリスクばかり考えていたとしたら、このときこのホースの修理依頼は受けないという判断になっていたに違いありません。けれども私たちは、この仕事をよろこんで引き受けました。むしろ、真に価値のある仕事だと判断したからで

す。当然これからだって引き受けつづけますし、そのための犠牲だって払う覚悟がありま
す。やらないという選択肢はなかった。
家電のレスキュー隊は正義の味方であるべきと、常日頃から考えていましたが、それは
決して「ウルトラマン」のようなヒーローではありませんでした。
あくまでも目指すは「アンパンマン」なんです。
大きくて強くて、スペシウム光線で三分以内に解決、なんて柄じゃありませんしね。そ
うではなくて、ほら、アンパンマンって、小さいけどやさしくて、困っている人たちに自
らの頭をちぎって、食べさせてあげますよね。ああいうウルトラマンとはまた違った強さ、
自己犠牲を厭《いと》わない志の高さをみならって、損得抜きの捨て身で困っている方々のお役に
立つ。そういうのって、なんだかすごくカッコいいじゃないですか。
たとえ少なからず犠牲を払ってでも、お客さんを心から笑顔にすることができれば、こ
んなにも素晴らしい報酬はありませんよ。
でも、自慢じゃないですけど、本気でこんなことを考えて、本気で実践してる電気屋な
んて、そうめったにはないと思うんですね。リスクヘッジを重視する大手量販店であれば、
なおのことでしょう。今回の仕事だって、もしうちの店がなかったら、大切な形見のホー

スがどうなっていたかわかりません。

私たちの理念を信じて、大切な宝物を託してくれる——そんなお客さんがひとりでもいるかぎり、「カデンのエトウ」は存在しつづける価値がある。また、存在しつづけなければならない。「形見のホース」の修理依頼は、そのことをあらためて私に教えてくれました。


で、ふと気づいたんです。

自分は、大切ななにかを忘れていたんじゃないかって。ひるがえって考えてみると、ヤ○ダ電機がやってくるとわかった頃から、ある思い込みのせいで思考停止してたんですね。

ある思い込みとは、「カデンのエトウ」は「小さいから弱い」というものです。ヤ○ダ電機は大きいから強いに決まっている。強いから勝てないに決まっている。そんなネット上の書き込みみたいなことを、いつしか自分までもが信じてしまっていた。そのせいで目先の苦境にばかりとらわれて、自分がなにものかを忘れ、なにをすべきかを忘れていたんです。

私は、家電のレスキュー隊であるというアイデンティティを、アンパンマンになろうとしていた自らの目標を、このときようやく取り戻したのでした。

反撃の狼煙――小さいは、強い！

まずは原点に立ち返らなければならない――。自然豊かな土地柄で、海も、山も、川も息を飲むほど美しくて、新鮮な魚やラーメンがどこよりもうまい、私の生まれ故郷。この佐伯市で生きる人々の暮らしを守り抜くという誓いを果たすためには、相手がだれであろうとやっぱり逃げるわけにはいきません。

ひとたびそう決意すれば、もう迷いはなにひとつありませんでした。

私たちには、レスキュー隊としての使命がある。アンパンマンにはアンパンマンの戦い方がある。そこに立ち戻れば、行くべき道はひとつしかない。つまりは、前進あるのみ。そう腹をくくったら、目の前の霧がいっきに晴れたような気がしました。なにがあってもレスキュー隊が退却することなんてあり得ません。だから、私たちは家電のことで困っている人、助けを必要とする人たちがこの町にいるかぎり、絶対につづけていく義務がある。そう思いました。ようやく反撃の狼煙《のろし》をあげるきっかけを得たんです。

踏みつぶされてたまるか。

小さいは、強い！

心の中でそう何度も念じました。

不退転の決意というやつを胸に、こうして「カデンのエトウ」は再起動することになります。

さっそく社内で意思の疎通を図ったのですが、数年かけて経営理念の大切さを叩き込んできた賜物《たまもの》でしょう。私があらためて訴えるまでもなく、兄をはじめ、みんなはしっかりと覚悟を決めていたようです。ヤ○ダ電機に有利な条件を提示され、引き抜きを打診されていたスタッフたちも、あのハッピが嫌で——というのは冗談ですが、収入アップの誘惑にさえ気持ちが揺らぐこともなく、家電のレスキュー隊でありつづける道を選んでくれました。

それもこれもすべては、一朝一夕の話ではありません。

地道にアイデンティティやミッションを血肉としてきた成果といえるでしょう。これまでコツコツ積みかさねてきたものが、窮地に際して、平穏なときとはくらべものにならないほどに花ひらき、みんなをさらに固くむすびつけたんです。私自身、このときほど経営理念の威力をまざまざと感じたことはありませんでした。

モノ売りじゃない、「バリュー・クリエイター」だ！

あとは、どう戦うかです。あの家電量販店界最大級のモンスターに、具体的にどうやって対抗していけばいいのか。

自社の強みを活かすには、どのような方向性で、なにに特化すればよいのか。われわれは、なにもので、なんのために、この地域にこだわって商売をしていく必然性があるのか。悩み抜いたすえ、「カデンのエトウ」は決してモノ売りではないことを再確認しました。そしてちょっとばかりカッコよくいえば、自分たちはあくまで「バリュー・クリエイター」としての道を歩もう。企業としての価値を創出し、実践する集団なんだと振りきったわけです。

家電を売るといったって、売り場面積でいったらヤ〇ダ電機は、うちの何十倍も広いし、それだけ扱っている品も種類も多い。そこで競ったところで勝ち目なんかありません。

とくにデジタル家電の品揃えは、圧倒的に負けていました。パソコン本体はもとより、プリンター、スキャナー、デジカメなどの周辺機器、プレイステーションをはじめとしたゲーム機、DVDやブルーレイといった映像系、あとは携帯電話やそれにまつわるもの、いずれもぜんぜんかなわないんです。

であれば、われわれは家電のレスキュー隊なんだから、これまでの広く浅い品揃えを潔くやめちまえと決めました。いわゆる「選択と集中」ってやつですね。お客さんの生活を守るという意味において、絶対に必要不可欠な、衣食住に直結した家電にのみ絞り込んだ。同時に、白物《しろもの》家電に特化した方針へと舵を切り、店内での取扱商品や展示商品のボリュームを約四割ほどに減らしました。在庫リスクを抑えるためです。これによって失われるであろう、既存の利益を捨て去るには勇気を要しましたが、そんな迷いは振りはらい、余計なものはすべて徹底的に削ぎ落としていきました。これは小さな会社だからこそなし得た、意思決定のすばやさであり、フットワークの軽さだったと思います。


で、実際にそれをやったら店の中がどうなったかというと、ひと言でいえば、ガラーンとしてしまいました。これはある意味まずかった。事情を知らない人が見たら、ほらね、「カデンのエトウ」もいよいよ終わりだな、などと誤解されかねません。

そこで空いたスペースに商談用のソファーやテーブルなどを並べて、ガラガラ感がゆったり感に見えるように工夫を施しました。お客さんに余裕をもって商品選びをしていただく雰囲気づくりをしたわけです。するとこれがケガの功名というんでしょうか、店舗に空きスペースがあると不思議なもんで、頭の中にも新たなアイデアを生みだすスペースができるんです。

折りしもこの頃は、東日本大震災によって、日本中がようやく原子力発電の危険性に気づいた時期でした。電気の供給やクリーンエネルギーにも注目が集まっており、ここ佐伯市でも多くの人が不安に感じているのを、肌で実感してたんです。電気にまつわる不安を解消するというのは、家電のレスキュー隊における至上命題ですから、自分たちもなにかお手伝いしなければという強い思いがありました。

なので、この空きスペースを利用し、新規事業へと乗りだすことを決意したんです。それはなにか――太陽光発電事業への参入です。社会全体が転換期を迎えたとき、必ずやこれまでにはないムーヴメントが起こります。ならばピンチのときにこそ、それをチャンスと捉え、大きなことに挑戦していこうと。会社が危機的状況のとき、まったく新しい試みに大胆に着手することができたのは、普段から経営理念を実践してきたからでしょう。

ヤ○ダ電機がくるとわかった頃から、ひどく近視眼的になっていた私ですが、ひとたび経営理念に立ち返るやいなや、行く手がぱっと光に照らされたようで、頭の中がさまざまな希望やら展望やらで満ちあふれてきました。人生なんてものは、本当に考え方ひとつだな、とあらためてそう感じました。

強い相手に遠慮はいらない

先ほどもいいましたが、家電のレスキュー隊は、正義の味方を目指しています。弱きを助け、強きをくじくのが正義の味方ですから、弱いものはとことん守る覚悟です。でも強者であるヤ○ダ電機に対しては、この際、いっさいの遠慮はいらないと思いました。

ただ黙って遠慮していても、待っているのは経営の破綻ですし、だったら生き残るためにできることは、すべてやってやろうと。それが私たちにとっては、とりもなおさず地域を守り抜くということに直結しているからです。大型量販店に自分たち家電のレスキュー隊の代わりが務まるとは、到底思えませんでしたからね。

もちろん、真正面から戦いを挑んだのでは、これはもう勝ち目はありません。別に玉砕したいわけじゃないので、やるべきは、柔よく剛を制する戦い方といいますか、合気道のように相手の力をいなし、あるいはその強みを吸収し、うまく活用することです。それさ

大きな敵と戦うときは、相手の力をうまく利用すればいい！

えできれば、巨大な相手とだってどうにか戦えるのではないか、そう考えました。この考え方のヒントとなったのは、ほら、「東京ラーメンショー」のときに調理が間に合わずピンチになった際、敵であるはずの他のブースの方々の力をお借りすることで、窮地を乗りきったじゃないですか。まさに、あれなんですよ。

　もちろん状況はまるっきり違いますが、自分の力不足をどうしようもなく突きつけられたら、そのときは周囲の力をお借りして活用する。ことによっては、敵の力を吸収して自分のものとしてしまう。「小」が「大」と戦うときのイメージというんでしょうかね。アリにはアリの、メダカにはメダカの戦い方があるというわけです。

なにしろ相手は大企業なので資本は潤沢ですが、一方で、現場は短期間での結果を求められるはず。その点では相手だって苦しいといえます。ならば、そこが「アリの一穴《いっけつ》」になり得ると考えました。とにかくつぶされずに食らいつき、ゲリラ戦法でのらりくらりと長期戦にもち込めれば、いつかどこかで勝機が見えてくるに違いない、と。

特別割引クーポンってナニ？

まず、私がはじめに試みたのは、ヤ○ダ電機が本当にどこまで値引きするかを確かめる、というものでした。「相見積もり地獄」のことはお話ししましたが、あの負のスパイラルを逆手にとって、相手の出方を窺《うかが》うという作戦です。

私たちがなにをしたか、察しのいい方ならもうおわかりですよね。そうです、いつものように見積書目当てでやってくるお客さんに、ヤ○ダ電機の表示価格よりさらに安い値段の相見積もりを出したんです。

それを向かいのヤ○ダ電機にもっていけば、「他店より一円でも高かったら安くします」とうたっている以上、安く売らざるを得ません。ヤ○ダ電機が一二万円で売っているパソコンを、うちが八万円の相見積もりを出せば、向こうは最低でも七万九九九九円で売らないといけないわけです。

こっちはこっちで大損覚悟の見積もりなわけですから、諸刃の剣ともいえるでしょうが、まずはあちらがどこまで対応するのか、確認しておく必要がありました。

すると、さすがは大手。これがきっちり安くしてくるんです。そのへんの小さい家電店だったら、「ちょっとお客さん、さすがにこれは無理ですよ」となるんでしょうけど。

——たぶん向こうだってね、こりゃあなんかちょっと変だな、とは思ってるはずなんです。でも、なにせ大組織ですから、それが大幅な原価割れになったとしても、末端の社員は会社が決めたルールに従わざるを得ません。

うちはうちで、どういうタイプの商品をどの程度まで下げるのかをリサーチしたかったので、けっこう辛抱強くそれをやっていった。ヤ○ダ電機の担当者さんは困ったでしょうね。やってくるお客さんが、みんなして「カデンのエトウ」が出した大手顔負けの激安見積書を片手にやってきて、売れば売るほど損が出るという奇怪な事態に陥《おち》いっていったわけですから。

おそらくは上司に叱られただろうし、その上司は上司で、本部から叱られたに違いありません。そう思うと、なんだか気の毒な話です。

でも、お客さんの側からしてみたら、うちの見積書はいうなれば、ヤ○ダ電機の「特別クーポン券」になるわけですね。これが知る人ぞ知る存在になっていって、そうすると、まあ世の常なんでしょう、このシステムを利用してお小遣い稼ぎをしようとする人まで出てきました。うちの相見積もりをもっていって、破格の値段で買った品物を第三者に売る、いまでいうところの「転売ヤー」が現れはじめたわけです。

しばらく経つとヤ○ダ電機も、さすがにこれはおかしいぞ、と判断したらしく、あまりにもむちゃな相見積もりには応じないようになりました。また、転売を抑止するさまざまな措置もとりはじめました。

でもね、おかしな転売ができてしまうこと自体、やっぱり歪《いびつ》な商法なわけですよ、他店より一円でもどうこうというのは。極端な話、うちで出した見積書でヤ○ダ電機の商品を激安で買ってきて、それをうちの店頭で売るみたいなことだってできてしまうわけですから。もちろん、そんな姑息《こそく》なことはしませんでしたけどね。

そもそも、売る側がちゃんとお客さんに向き合ってないじゃないですか。近所の店とか、ライバル店とか、そっちばかりを見て価格を決めている。だったらもしそれでひとり勝ちしたら、今度はどうやって価格を決めるんですか？　お客さんを見もせずに価格を決める独占企業が、どういった価格設定をするかは想像に難《かた》くありませんよね。

いずれにせよ、この一件はヤ○ダ電機サイドに、ある種の警戒をもたらしたと思います。どうやら「カデンのエトウ」がなにやら動きだしたぞ――そんな軽いジャブぐらいにはなったんじゃないでしょうか。

「カデンのエトウ」第二無料展示場

いつも店先に出るたび、悠然と横たわるヤ○ダ電機の巨体が、否応もなく視界に飛び込んできます。お線香みたいな色をした建物の全面を覆うマジックミラーのガラス窓。そこに反射して映るうちの店はいかにもちっぽけで無力そうに見えましたが、そんなこともいってられません。

商売敵の店内をもう一度この目でよく確かめてやろうと、ユニフォームから私服に着がえた私は、向かいのヤ○ダ電機の建物を目指しました。目指すといっても、駐車場を横ぎればもう目と鼻の先ですから、あっという間にヤ○ダ電機の店内です。

オープンの初日に、兄とふたりで偵察したので、中の様子はわかってましたが、いまだ新築の匂いが残る店内は、まぶしいくらいに明るくて、家電量販店なので当たり前とはいえ、数えきれないくらいの家電であふれ返っていて活気がありました。

店内を歩いていると、お客さんの中にちらほらと知った顔がありました。かつてのというか、いまでもうちのお客さんです。私も相手の方に気まずい思いをさせたくないので、なるべく目を合わせないようにしました。向こうは向こうで私に気づかないふりをしていますが、私のこの独特な風貌といいますか、個性的すぎる外見に気づかないふりをするのは相当大変らしく、やはり気まずそうな雰囲気がひしひしと伝わってきます。

なんで自分がこんなところで申し訳ない気持ちにならないといけないのか、自分でも気持ちの整理がつかないまま、私はヤ〇ダ電機をあとにしました。

あーあ、あれだけ広さと品数が揃ってたら、オレならもっとたくさん売ってみせるのになぁ……日もどっぷりと暮れ、ライトアップされたヤ〇ダ電機の建物をながめながらそんな妄想をしているうちに、ふとある考えが頭にぽっかり浮かびました。待てよ、考えてみたらここはうちの庭みたいなもんじゃないか。だったら、ヤ〇ダ電機をうちの展示場にすればいい。しかも地代から光熱費、運営費となにからなにまで全部タダじゃないか！

これは、われながらナイスアイデアでした。

「ヤ○ダ電機さん、わざわざこんなに近くにつくってくれてありがとう!」

思わずそう叫びたくなったのを、いまでもはっきりとおぼえています。


以来、うちの店に商品を見にきたお客さんは、「カデンのエトウ」の第二展示場であるヤ○ダ電機におつれするのがルーティンとなりました。やはり商品選びはパンフレットではなく、現物でじっくりと品定めしていただきたい。そんな願いがこういうかたちで叶ったのは予想外でしたが、でもやっぱりうれしいものです。

もちろん商品選びには私をはじめ、うちのスタッフも同行して、あれこれご説明して差し上げます。はじめのうちは、さすがにユニフォーム姿でいくのは気が引けたので、上からジャンパーを羽織ったり着がえたりしていましたが、途中からは面倒になって例のユニフォームで行くようになりました。

最初にユニフォームで入っていったときは、さすがにあちらの店員さんもギョッとしていましたが、私たちのほうは感謝しかありませんから、「どうもー、こんにちはー」とニッコニコです。とくにクレームをつけられることはありませんでしたが、まあ、しかし、よその店のスタッフがお客さんをつれてやってきて、わがもの顔で説明書を広げたり、商品を手にしてああだこうだと説明したりするさまは、相当に異様だったと思います。

で、これだという製品が決まれば、もう用はありません。即座にまわれ右して「カデンのエトウ」の店内へと戻り、あらためてご注文いただくというわけです。

そんなことをしたら、せっかく自分のところにきたお客さんが奪われるかもしれないじゃないか、なんて思われるかもしれません。

でも、あながちそうともいいきれないんですね。なんといっても経営理念に立ち返り、完全に自信を取り戻した「カデンのエトウ」ですから、多少の価格差になんか動じません。うちの取りつけ工事技術のクオリティーや、アフターサービスの充実ぶり、量販店とは一線を画す地域密着型の思いをぶつけると、けっこうな確率でご理解いただけるようになったんです。不思議なもので、「わかったよ、エトウさんところで買うわ」とおっしゃってくださる方が、どんどん増えていきました。

しかし、当然、「やっぱりいま安いほうが助かるから、今回はヤ○ダ電機で買わせてよ」という方も少なくありません。でも、それはそれでかまわないんですね、やっぱりタイミングとかもありますしね。うちのアイデンティティは家電のレスキュー隊ですので、結果的にお客さんさえ満足してくださるなら、どんなかたちだってオッケーなんです。

私たちは、別にお客さんの奪い合いに加わるつもりはありません。経営理念をまっとうする――本当にただそれだけです。そしてそれこそが、お客さんの信頼を勝ちとる最短の近道なんです。もし「カデンのエトウ」が、お客さんの奪い合いに参加していたとしたら、きっとその瞬間、店はつぶれていたに違いありません。

トヨタ顔負けのジャストインタイム作戦

「敵を知り、己《おのれ》を知れば、百戦して危うからず」とは孫子の兵法の一節ですが、やはり戦う相手のことは、熟知しておくに越したことはありません。

ヤ○ダ電機は、佐伯に進出してくる以前から、全国にその販売網を拡大していく動きをいっそう強めていました。フランチャイズ展開といったさまざまな手段をもちいて、数と規模の論理で市場を制圧し、家電量販店界の覇権を握ろうとしているように、私には思えました。では、具体的にどのようなシステムなのか。それを知ることでなにかの糸口が見えてくる気がして、自分なりにいろいろと調べはじめたわけです。

すると、「フランチャイズ展開」といってもいくつかのパターンがありました。子会社、系列のような直接影響力のおよぶものから、提携あるいは協力会社といった、ゆるめのアライアンスを組んでという具合に、その関わりの深さが特上、上、中、下といいますか、鰻屋《うなぎ》でいえば松・竹・梅・並、といった具合で、四段階くらいに分かれていたんです。

その中のひとつに、ヤ○ダ電機を通して仕入れをすれば、通常よりも仕入れ価格を低く抑えられますよ、というカテゴリーがあったんですね。要するに「並」コースなんですけど、これは隣近所の主婦が集まって、問屋だとか卸売市場で野菜なんかをまとめ買いをしてきて、あとでそれをみんなで分ければ、一般のお店で買うより安く買えるでしょ、という考え方とおなじです。そのうえ、とくにヤ○ダ電機の名前を掲げる必要もありませんよ、という太っ腹ぶりでした。

このシステムは、うちくらいの規模の店にとってはかなり魅力的でした。

しかも、このグループに入れば、必要とする商品の在庫がなかった場合でも、近くに現存しているヤ○ダ電機の店舗から、その商品をいつでも受けとれるという特典がついていたわけです。その条項を読んだとき思わず、「おいおい、ウソやろ」とつぶやいてしまいました。

どういうことか――。

つまり、第二展示場として大いに活用させてもらっている眼前のヤ○ダ電機が、今度は、うちの「巨大倉庫」としての役割まで果たしてくれるというわけです。

たとえば、お客さんから「この商品がほしい」といわれた場合、これまではその在庫がなかったらメーカーに注文して到着を待つ、という方法しかありませんでした。そうなると、どうしても数日単位のタイムラグが生じてしまいます。

お客さんにすれば、せっかく「カデンのエトウ」で買おうと思ってきたのに、現物がないならヤ○ダ電機でいいか、となってしまいますよね。経済用語でいったら、これは大きな機会損失というやつです。

それがヤ○ダ電機グループの「並」会員になることで、必要な商品をお向かいの維持費ゼロ円の倉庫から手軽にもって来られる。トヨタ顔負けの「ジャストインタイム方式」で調達できるわけですから、これに加入しない手はないでしょう。

とはいえ、いくらなんでもつぶしにかかっている相手に塩を送るどころか、米や味噌までくれるはずはないと思っていたんですが、世の中わからないものです。よくよく見ると、このシステムを取り仕切っているのはヤ○ダ電機本体ではなく、いわゆる系列企業だったんですね。

だとすれば、もしかしたら九州の片田舎の支店が抱えている細かな事情までは、よくわかっていないのではないか。まあ、いずれこちらの作戦がバレたところで、なにも違法なことをしようってわけじゃありません。どうせ気づいてはじかれるでしょうが、こっちとしては失うものなどないわけですし、ダメもとで応募してみたわけです。そしたらどういうことなんでしょうか、なんとあっさりその審査に通ってしまったんですね。

そのまさかの知らせを受けたときは、思わず「マジかよ」と呟《つぶや》いてしまいました。組織が大きくなりすぎると、契約の手つづきなどがあまりにも事務的に自動化というか、ルーティン化されすぎてしまって、制度の細部のほつれにまでは目が行きとどかなくなるのだということを、まざまざと見せつけられた気がしました。

まあ、そんなわけでグループに加えていただいたからには、その制度を最大限利用させてもらうことにしました。これからはうちに在庫は置かず、ヤ○ダ電機からどんどん商品を仕入れてあげようと。

必要に応じて、道路の向こうに取りに行けばいいし、場合によっては、そのままお客さんのもとにとどけることもできるわけです。在庫が型落ちになって、赤字覚悟の在庫一掃セールなんてことも、今後はやらなくてすみます。

商品を取りに行くには手つづきがありましたが、いったん契約したら、もうこっちのもんです。ヤ○ダ電機の店舗は、これに否応なしに対応しなければいけない決まりになってましたので、私たちは、堂々と大手をふって商品を受けとりに行けたわけです。

最初に荷物を引きとりに行ったときの、対応に出てきたヤ○ダ電機の店員さんの、文字通り狐につままれたような表情がいまだに忘れられません。

だって無理もないですよ。これまで敵だ、敵だといわれてきた真向かいの電気屋が、自分たちのあずかり知らないところで、いつのまにか頭越しに仲間にされていて、「あ、すみません、この商品もってきてくれますか。いや、それじゃなくて右です、右のやつです」とかのたまうんですよ。これまでのひりひりした緊張感はなんだったんだという話になりますよね。

私たちにしたところで、率先して争いたいと思ったことは一度たりともありませんしね。黙ってつぶされるわけにはいかないから、やむなく懸命に抗ったに過ぎません。ただそれだけです。もし共存できて、それが地域のみなさんのメリットになれば、まったく文句はないんです。

もし業界全体で一致団結して、家電業界を盛り上げていきましょうみたいなことが実現できたなら、これほど素晴らしいことってないんじゃないでしょうか。なんでそういうふうにならないのかな、ということがちょっと残念でならないですね。

一か八かの大手術！

まあ、とにかく毎日が必死でした。経営理念だけを忠実に守るだとか、地域の方々の生活をレスキューするんだとか、一秒もむだにしたくないみたいな感じで、無我夢中で突っ走ってきて、そうしたら少しずつではありますが、なんと回復してきたんですよ、この状況で売り上げが――。

正直、少しだけほっとしました。

本業のほかに、佐伯ラーメンでの町おこしに関わりつつ、新規事業もはじめたりして、めちゃくちゃ充実してやりがいがある半面、けっこう頭の痛い日々を送っていたんです。実際、頭痛のタネはいろいろあったんですが、それが比喩ではなく日に日に頭が痛くなっていくんですね、肉体的に。もともと頭痛もちで頭痛には慣れてました。なので、知らず知らずのうちにストレスが溜まってるのかなぁ……ぐらいに思っていたんですが、ほっとしたせいもあるのか、それにしても痛みが尋常じゃない。

しばらくは頭痛薬でごまかしていたのですが、そのうちめまいと猛烈な吐き気が襲ってきたんです。これはちょっとまずいということで、大分医大に行き、ＭＲＩを撮ったら、担当のお医者さんが青い顔して、これはやばいと。

脳出血が発覚して、即刻入院です。

死線を越えて

ひと口に脳出血といっても、いっきに大量出血して即死に近い亡くなり方をする人もいれば、じわじわ時間をかけて出血するというケースもあります。私の場合は、幸い出血のしかたがゆるやかで、それが固まっていわゆる血腫《けっしゅ》になって脳を圧迫していたんです。手術でそれを取り除かなければならないわけですが、その場所が最悪でした。

小脳と脳幹のちょうど境目のところにあって、それが脳幹を圧迫していたんです。脳幹というのは人間の呼吸や体温、血圧など生命活動を司《つかさど》るコントロールセンターみたいなところですから、おいそれとメスを入れることはできません。メスどころか、指でふれただけでも命に関わることがある、究極のデンジャラス・ゾーンなんですね。

そのため、うちの病院では危険すぎて手術はできません、ということになったわけです。要するにサジを投げられてしまった。ゲームでいえば、いわゆる「無理ゲー」というやつです。

とりあえずの対症療法として、脳の腫れを抑えるためのステロイドをはじめ、いろんな薬が投与されました。

そうすると、ある程度は症状も落ちつきますが、髪の毛はバリバリになるし、体中に吹き出物みたいなのができたり。あとひどかったのは、嚥下《えんげ》障害というやつでした。とにかく口に入れたものが飲み込めないんですね。普段なら当たり前にできるはずの飲み込むという行為が、うまくできないんです。意味がわかりませんよね。頭が飲み込めと命令しても、飲み込み方を忘れてしまったように、舌と喉がうまく連携して動かないんです。

それで、大分医大で数日かけて病状を落ちつかせてるあいだに、手術が可能な病院を当たっていただきました。そうこうするうち、「うちならやれないこともない」という返事をくれた、東京の慶應義塾大学病院に移送されることになったわけです。

手術を受ける前、当然、例のインフォームドコンセントというやつを受けます。手術の方法やその危険性、起こりうる後遺症といったことに関しての説明をしてもらうわけです。

でもこれがね、聞けば、後遺症が残るとかいうレベルの話じゃないんです。半身不随になるとか、植物状態になる可能性があるとか、手術中に呼吸器が止まるかもしれないとか――。それでもいいかと聞かれるので、いやいやいや、ぜんぜんよくないじゃないですか。

こいつはエライことになったぞと思ったわけですが、なにより私が心配だったのは……冗談みたいな話なんですが……実は、髪の毛だったんです。若い頃からロック好き、ヘヴィメタ好きで、ロン毛をステータス・シンボルとして生きてきた私にとって、自慢の長髪は命とおなじぐらい大切だったんです。

頭蓋骨をひらくとなったら髪も切られる、というか丸坊主にされることが心配で心配で、お医者さんにご慈悲をと泣きついたところ、いやあ、医療の進歩というのは素晴らしいもんで、「わかりました、髪は切らずにやりましょう」といってくださった。「だったら、まあ、お願いします」ということで一か八かの大手術に踏みきったわけです。

手術当日――。

もしかしたら、このまま二度と目覚めることはないかもしれない。手術室に入る前、ストレッチャーに横たわったまま私は、心細げに、それでも懸命に笑みを浮かべてくれている家族の顔を、脳裏の奥深くに刻み込みました。

手術は、朝の八時から一八時まで、約一〇時間におよびました。

病室で麻酔状態から意識が回復したとき、最初に感じたのは、自分の呼吸音でした。

（あ、生きてる……）

次に手を動かしてみたら、手も動いた。

（あっ、動く……ほんとに生きてるぞ、オレ）

自分自身の生存確認とでもいうんでしょうか、はじめはそれをするだけでやっとでした。とにかく、頭を切った影響で顔がパンパンに膨れ上がってしまって、目を開けることもままなりません。

自分では直接見えませんでしたが、自分がとんでもなく大変な状態であることはわかりました。

あとになって、撮ってもらった手術跡の写真を見て驚きました。首の後ろから頭のてっぺんまで何十個ものホッチキスの針みたいなもので留められていて、それこそフランケンシュタインみたいな状態なんです。着ぐるみのファスナーじゃないですが、自分が頭から脱げそうな感じ、とでもいうんでしょうか。

結果的に、いくつか身体に障害は残りましたが、それと引き換えに最も大切なロン毛――じゃなくて命は助かりました。それもこれも家族や会社のスタッフ、そして素晴らしいお医者さんにめぐり会えたおかげです。

右手の感覚、とくに人差し指、薬指、小指の三本の感覚を失い、動かなくなったため、得意だったドライバーまわしどころか、ドライバーそのものを使うことができなくなりました。工具全般がほぼ使えないので、当然、三〇年近くつづけてきた職人としてのキャリアは捨てざるを得ません。また、お尻から下はいまでもずっと痺《しび》れていて、なにかにふれても感じることはありません。

しかし、考えたり話したりする機能は、以前と変わりなく残っています。

自分の頭で考え、やるべきことをやり、人を助け、伝えるべきことは伝えなさい。

神さまにそういわれたような気がします。

指が動かないので、字を書いても箸《はし》を使っても、小学生以下のレベルになっていますし、普段の生活もめちゃくちゃ不自由ではありますけど、いまこうしてパソコンに向かってキーボードも打てているわけです。伝えたい言葉はむしろ以前より胸にあふれています。だから、なにも文句はありません。

自己重要感は捨て、信頼を育む

入院が長引き、仕事的にも長い空白期間をつくってしまいましたが、そのときわかったのが、自分がいなくても会社ってちゃんとまわるんだな、ということです。決してすねていってるわけじゃありません。それまで自分はプレーイング・マネージャーとして、店に出てかなりの売り上げも立てていたし、大きな意思決定をしなければならない局面もたびたびありました。

だけど、こんな大病をして何か月もひどい状態だったにもかかわらず、入院中にほとんどトラブルがなかったんです。あったのかも知れませんが、たとえあったとしても、私が知らないうちにだれかが解決してくれていた。専務を煩《わずら》わせないようにということで、それぞれが自分の役割を考えて、動いていてくれたんだと思うんですね。

それはやっぱり経営理念とかミッションとか、あるいは、アイデンティティというのがみんなの中に落とし込まれていたから、私にいちいち指示されなくても、やるべきことがしっかりとわかってくれてたんだと思うわけです。

だから経営者は、理念を打ち立てて、それを社員に落とし込んだら、さらに次の段階として、思いきって社員を信じてみてください。

自分がいなければダメだなんて考えは捨てて、とことん信頼して会社をあずけてしまえばいいと思います。やっぱりだれかからいわれて行動しているうちは、人の成長には限界があります。他方で、信頼を得た社員には、自信が芽生えます。責任感もすくすく育つはずです。ぜひ、試してみてください。

うちの会社だって、「だいじょうぶ? なにか困ったことない?」といって、「いえ、まったくなにも問題ないです」みたいな感じで、そんなやりとりをくり返すうちに、「オレはおらんでもいいやん」くらいになりましたからね。それはそれでちょっと寂しかったですけど、おかげさまでゆっくりと休ませてもらい、順調に回復することができたわけです。


私は、この病気で多くの収穫を得ることができました。

病気になって本当によかったと思います。ある程度、時間と余裕がもてたことで、結果として、メンターであるジェームス・スキナーさんとの交流を深めることもできました。そのおかげで経営というものを、より大きな視点で考える機会も得られたわけです。これは私の人生において、きわめて大きな財産となりました。

禍福はあざなえる縄のごとしじゃないですけど、お客さん、なにが幸運でなにが不幸かなんて、本当に最後の最後までわからないもんですね。

大企業との差別化で勝つべくして勝つ！

死の淵からしぶとく舞い戻ってきた私ですが、相も変わらずヤ○ダ電機との生き残りをかけた戦いはつづいていました。

いや、むしろ、佳境に入ってきたというべきでしょう。

当初は、「どう考えても絶対につぶれるやろ」とか、「半年で倒産するほうに賭けてもいいわ」などと好き放題いわれていたわけですが、ヘビー級王者を向こうにしてなかなか倒れず、リング上に立ちつづけ、そればかりかけっこういい勝負をしている私たちの姿は、佐伯の人々にある種の感慨を与えたようでした。

「あいつら、小せえくせに思ったより強いぞ」「なかなかやるじゃないか」というふうに町のみんなの見方が変わりはじめたんです。こうなるとすべての風向きが変わってきます。明日つぶれるかもしれないといった疑いの霧は晴れていき、会社としての信頼は徐々に回復していきました。すると、客足もしだいに増えはじめたんです。凶事は徒党を組んでやってくるといいますが、善事もまた仲間づれでやってくるんですね。

だからピンチの際には、いつか自分に風が吹くことを信じて、なんとか耐え抜いてください。耐え抜くのに必要なものは、唯一、確かな経営理念のみです。理念を胸に、とにかく踏んばりつづけていただきたい。

そうして耐えきったとき、勝機は必ずや訪れます。

巨大な敵と戦わなければならないとき、相手の力を逆に利用するといったやり方は、もちろん効果的でしょうし、変幻自在に動きまわることも有効です。でも、それはあくまで、理念にもとづいて人事を尽くすということであって、小手先の策を弄《ろう》するということではありません。手段であっても目的ではないんです。いくら優れたテクニックをもちいたところで、結局は生き残ることなんてできないと思います。

私たちもまた、風が吹いてきたいまだからこそ襟《えり》を正し、大型量販店とのさらなる徹底した「差別化」を図ることにしました。やはり確かな経営理念のもとで、しっかりと地に足をつけ、他には決して真似のできない、町の電気屋だからこそできるサービスを、地道にコツコツと提供していくしかないと考えたからです。自分たちのもっている刃を、もっともっと研ぎ澄ますことで、真の競争力を高めたいと思いました。

だってね、お客さん。自分たちにしかできないサービスを極めることができれば、もうほとんど無敵じゃないですか。

だから「カデンのエトウ」は、町の小さな電気屋の優位性をとことん生かした戦い方で勝つ。そう決めたんです。

町の電気屋さんの優位性とポテンシャル

少し前のほうで私は、「広く浅い品揃えは潔くやめた」といいました。それはもう本当に正しくて、デジタル小物みたいな次から次へと新製品に買いかえるタイプの製品は、うちの店で買う必要なんかないんです。もう、どんどん量販店とかネットで買えばいいんですよ。豊かな品揃えの中から存分に選べて、安く買うことができれば、まあ、それに越したことはないわけですからね。スケールメリットってやつをジャンジャン享受しちゃってください。

でも、ここでちょっとはっきりさせておきたいのですが、いわゆる「取りつけ工事」が必要となるような製品は、絶対にうちで買うのが正しい選択です。悪いことはいわないので必ずうちで買ってください。商売抜きで、本気でそう思っています。

うちの店であれば、あらゆる条件を考慮し、お客さんにとってどういう性能のものがベストかを、正確に吟味できます。取りつけ工事を要する場合、その分野に精通したプロフェッショナルでなければ、十分なサービスを施すことなんて到底無理なんです。売る人間と工事する人間とが一致、あるいは完璧に連携してはじめて、トータルサービスが提供できるし、さまざまなアドバイス効果も効いてきます。

地域に根ざすことを理念として掲げ、それを徹底して実践してきた「カデンのエトウ」は、ともすれば顔を見ただけで、このお客さんがどういう方で、どんな家に住んでいて、どういった家族構成で、家の間取りはどんなかとか、そんなことまでわかってしまう。そういう骨がらみのつき合いに慣れているので、もし仮にはじめてのお客さんであっても、二歩三歩と踏み込んだ接客なりサービスが可能です。これは、どんなに大きな量販店にも負けない利点であり、ポテンシャルだと思っています。

ヤ○ダ電機にかぎらず大企業は、その巨体ゆえ、一定の利益を上げつづけなければなりません。会社を維持していくためには、手間がかかりすぎるような、容易には儲けの出にくい分野は、分野ごと切り捨てざるを得ないわけです。ならば、その切り捨てられたニーズを、地域密着型の小さな電気屋なり、さまざまなジャンルの中小零細企業なりがすくい上げて、利益にしてしまえばいい。大きいがゆえにできないことがあり、小さいからこそできる強みがあるわけです。

勝てる分野に狙いを定める① 盲点に着目せよ！

「でも、大企業との差別化を図るなんて、口でいうのは簡単だけどなかなかむずかしいいんじゃない？」とおっしゃる方もあるでしょうが、もちろん簡単じゃありませんよ。でも、困難であってもやればいいだけの話です。事実、「カデンのエトウ」では、経営理念にもとづいた具体的なサービスとしてそれらを実践しています。

えっ？ どういうサービスかお知りになりたい？ わかりました。では、ここはひとつ、毎度おなじみのエアコンでご説明させてください。

家にエアコンを取りつける際、実はその工事のやり方によって、以後のコンディションが大きく変わってくるんですよ。必ず気をつけなければならない点がいくつかあるんですね。でも、そのことをご存じなくて、あとから泣きを見る方がかなり多いといわれていますす。本来ならエアコンの機種を選ぶのとおなじか、あるいはそれ以上に注意を払わなければいけないのに、ほとんどだれもこの点に着目しない。お店側もお客さんもスルーしているんです。大手量販店などは、下請け業者にどう安くやらせるか、なんてことにのみ注意を払っている節さえあります。

「カデンのエトウ」は、こういう「盲点」にこそ勝機を見いだします。

一般的にエアコンを買うときって、取りつけ工事も同時に頼むわけですけど、でもお客さんはたいてい、どこのだれが工事をやるかなんて気にしません。だれがやったって一緒だと思っているからです。

ところが、これが大違い。こういう類の作業は、手を抜こうと思えばいくらでも抜けるし、きちんとやろうと思えば、それなりの時間と手間がかかります。恐ろしいのは、手抜きもそうでない工事も、外から一見しただけではわからないところです。ある程度の年月が経過して、はじめてその違いが出てきます。その点では、いつかお話ししたエアフィルターの掃除の話とおなじです。

まず気をつけるべきは、取りつけ工事をするのがその店のスタッフか、あるいは下請け業者かという点です。大型量販店の場合、下請け業者がやってくることが非常に多いんですが、私が客の立場だとしたら、エアフィルター掃除のときと同様、店舗スタッフがじかに担当してくれるところを選びます。もちろんあくまで目安ですが、これには合理的な根拠があります。両者がおなじ会社だった場合、エアコンを売った時点ですでに利益があがっていますし、ある程度は、接客の際に要望やニーズをヒアリングしてるはずなので、ちゃんとした工事をしてくれる可能性が高いわけです。

片や、大型量販店の下請け業者なんかは、まったくの一期一会《いちごいちえ》といえます。その日に行けといわれて工事する。一日何件まわってナンボの商売なので、必要な行程を省いたり短縮したりしかねない利益上の理由があるわけです。もちろん、すべてが悪徳と決めつけるつもりはありません。しかし、確率的に考えた場合、やはり店舗スタッフのほうが無難といえるのではないでしょうか。

で、実際の取りつけ工事についてですが、「カデンのエトウ」では一日に、せいぜい三台設置するのがやっとです。ところが、業者によっては一日に七台とか、中には一〇台も設置するところがあると聞きます。

なぜそんな芸当ができるかといえば、まあ、要するに、あの手この手で工程をショートカットしているからです。たとえば、室内機と室外機をむすぶ配管の中には、「冷媒」というガスが循環しています。ここにゴミが入っては大変なので、通常のまっとうな業者であれば、「真空引き」という工法で一〇分ほどかけて設置します。

しかし効率重視の業者は、この工程をわずか数秒ですませる「エアパージ」という裏技を使うんです。早くて楽ですが、エアコン内のガスは減るわ、配管中に空気やら水分やら不純物やらが残るわで、設置から三年もした頃には、冷えにくくなったり、ガスがつまったりしてしまいます。おなじエアコンを買っているのに、AさんとBさんでは耐久性がまるっきり異なるというのは、かなり腹立たしい話ですよね。

ところで、「カデンのエトウ」の工法はひと味違うんです。

この分野では、大手量販店よりも、うちの店のほうが確実に強いと断言できます。まず、設置技術に絶対の自信をもった担当スタッフが、十分にヒアリングしたうえで購入から設置、その後のメンテナンスまで責任をもつわけですから、この点だけでも大手量販店との違いは歴然です。

しかも、最も手間はかかりますが、非常にクオリティーの高い「真空乾燥」という工法を採用してるんです。時間も、約三〇分から六〇分をかけてていねいに設置します。この工法をもちいた場合、配管にゴミが入ることによって起きるトラブルのリスクは相当程度軽減されます。ありていにいってしまえば、うちの店でエアコンを買うだけで、この面での不安は解消されるわけですよね。こうした他店がなおざりにしている分野で「差別化」を図り、盤石の信頼を勝ちとっていくというのが、「カデンのエトウ」の真骨頂といえるでしょう。

勝てる分野に狙いを定める②　ネジ締めひとつに四工程かける

おなじエアコンを買っても、取りつけ工事のやり方ひとつで、あるいはどこの店で購入したかによって、一〇年もったり三年でダメになったりするということを、おわかりいただけたでしょうか。「あれ？　うちのエアコンはどの方式で設置したんだろう」なんて急に不安になったんじゃありませんか。

もし、ご心配ならば、家の外に出て室外機の配管をチェックしてみましょう。長すぎて余った配管が、ぐるぐるに巻かれてテープでまとめられていたら、ちょっと危険ですよ。それは手抜き工事の常套《じょうとう》手段だからです。

室内機と室外機をつなぐ配管作業は、その家に合わせて長さを調整して加工するので、通常なら余ったりはしません。ところが、一日に何軒もまわるタイプの業者は、最初から一定の長さにカットした配管を使って、余ったらそれをグルグル巻きにして放置するんです。こういう業者は、設置のときに少しぐらい配管がズレても気にしないので、往々にしてあとから冷媒ガスが少しずつもれるなどのトラブルが生じやすい。せっかく高価なエアコンを買って、そんなデタラメな工事をされたのでは、ほんとがっかりですよね。

取りつけ工事の悪影響は、なかなかすぐには現れません。何年かあとに症状が出てくるので、多くの人は、まさか手抜き工事のせいだとは思わない。業者は、そこまでわかってやっているからタチが悪いんです。ですから、取りつけ工事なんてどこに頼んでもおなじ、という考えは捨ててください。最低限、「だれが、どのような取りつけをするのか」までよく確認してから購入を決める必要があります。表示価格の安さにばかり目を奪われてしまうと、足元の落とし穴に気づかないなんてことがあるので注意しましょう。

だってね、お客さん。ずさんな取りつけ工事の影響っていうのは、家電のトラブルのみならず、大切な家にまでダメージを与えうるケースがあります。だって、家に「穴」を開けるんですよ。最悪の場合、家の耐久性まで左右しかねないんです。

家の壁はただの一枚板ではありません。外側には塗装がしてあり、その内側に防水シートが貼られています。板と板のあいだには断熱材や、その他の構造物もあったりして、非常に複雑なわけです。なので工事にあたっては、熟練したプロの知識と技術が必須となります。

そしてこのとき、もうひとつ肝心なのが、ネジの締め方です。やはり締め方ひとつで、家の寿命にまで影響してくるんですね。これも業者によっては、「ワンプッシュ」というひどいやり方をするところがあります。いきなり壁に器具をネジ留めして、はい終了、というわけですが、これでは大切な家にダメージを与えること必定です。

お客さん、お待たせしました。では、うちの店はいかにして他店と差別化を図り、勝つのでしょうか。

なんと私たちは、この作業に「四工程」もの手間をかけます！　まず下地に穴を開け、その穴の中にあるホコリや削りカスを吸いとってキレイにしたあと、その穴をしっかりとシリコンコーキングしてから、ネジを締めるんです。

これが「カデンのエトウ」の誇る、慎重のうえにも慎重を期した工法です。

家電の取りつけ工事は、人間の外科手術のように家に負荷をかける作業がほとんどです。だからこそ私たちは、家の構造までしっかりと頭の中に入れ、作業することを責務としています。その点を踏まえ、徹底的に考慮したすえにたどり着いたのがこのやり方でした。

「カデンのエトウ」あるいは家電のレスキュー隊は、経営理念に忠実であればこそ、「家電店だから家電だけ売ればいい」という思い込みを捨て去りました。だからそこに徹底できた。取りつけ工事の徹底したクオリティー向上で他と競うなんて発想は、大手家電量販店にはなかったと思います。そもそもが「量販」というシステム上、不得手な分野ではないでしょうか。ならば、勝てるに違いない——私たちはそう狙いを定め、この分野を主戦場のひとつとしたのでした。

勝てる分野に狙いを定める③　曖昧さのない充実の保証システム

なにも大手量販店と勝負できる分野は、取りつけ工事だけにかぎりません。

私たちは、保証とアフターケアについても、ここでなら大手にも勝ち得ると考えました。どこの家電量販店にも、安心保証制度みたいなものがありますよね。いまは五年、一〇年といった長期保証が当たり前みたいになっていますが、鵜呑《うの》みにしちゃいけません。長期延長保証とかいっても、客寄せのための「なんちゃって保証」という場合がほとんどで、いざとなったら聞いていた話と違うみたいなトラブルがざらにあるんですね。

大前提として、家電製品の保証システムには「保証対象外」が山のようにあります。間違った使い方が原因の故障。工事不良、設置不良、天変地異や不慮の事故による故障。サビ、カビ、腐食が原因の故障、などなど。保証の対象にならない故障はほかにもたくさんあります。
なんかダメなことのほうが多くて、あんまりメリットなさそうという感じがしませんか。私だったら、お金を払ってまで保証をつけるのはちょっと考えますよ。

だいたい、使い方が間違ってるといわれても、「じゃあ、あんたそれ見てたんかい」という話で曖昧過ぎる。曖昧な表現はほかにもたくさんあって、よく読むと抜け穴だらけの文章だということがわかります。

気に留めておくべき点は、ほかにもあります。修理業者とのやりとりって、すごく時間がかかるじゃないですか。その間、壊れた家電は使えません。掃除機ならほうきで代用しておけばすむかもしれませんが、冷蔵庫や洗濯機だったらどうですか。不便ですよね。自動車の保険だったら、代車費用を出してくれたり、タクシー代を出してくれたりしますが、この手の保証システムではそういった面倒はいっさい見てくれません。

こうした諸々の状況を踏まえたうえで「カデンのエトウ」は、他とは一線を画す保証システムを構築しました。大手量販店との差別化を図るという前提のもと、家電製品の枠を超えた「快適な生活を守るため」の保証となっているので、ご紹介します。

第一に、私たちは独自の基準で選んだ、故障しにくい高品質の家電しか売りません。そもそも故障が起こらないことが、お客さんにとっても私たちにとっても、いちばんいいことだからです。

第二に、家電の正しい使い方と、メンテナンスのしかたを、お客さんに徹底的にレクチャーします。家電トラブルを避けるためのいちばんのポイントは、「正しい使い方」をすることだからです。

第三に、保証から「曖昧さ」をなくします。「どうとでもとれるし、どうとでもいえる」という一般的な契約書や説明書にありがちな、最終的にはお客さんが不利になるような言葉遣いはいっさいしません。保証について不明な点があれば、一から十まで具体的にしっかりお答えします。

第四に、故障した家電製品の修理が終わるまでのあいだ、同等の家電を無料でお貸ししています。

お客さん、いかがですか？　充実した保証システムだと思いませんか？　やはりこれらも経営理念にもとづき、精密に考え抜かれた内容なんです。本当にどこに出しても恥ずかしくない、最高に誇れる保証システムをつくりあげることができたと自負しています。

このようにして私たち「カデンのエトウ」は、一歩ずつ、本当に一歩ずつ、熱しては叩かれる鋼《はがね》のように鍛えられていきました。その結果、以前よりいっそう家電のレスキュー隊として、地域のみなさんに愛される存在へと成長していったのです。

一〇〇点満点をつらぬく

ひとつはっきりといえるのは、楽な道なんて絶対にないということです。それだけは間違いありません。電気屋にかぎらずどんな商売でも、全精力を仕事にそそがなければいけないと思います。「諸々の事情でなかなかそうはいかないよ」なんてご意見もあるでしょうが、ヤ〇ダ電機を前にした「カデンのエトウ」は、常に全身全霊、一〇〇点満点でやっていくしかありませんでした。恐竜から睨まれたネズミみたいな状況で、一瞬でも気を抜けば、もうそこで踏みつぶされておしまいという状況でしたから。

このとき学んだのが、結局のところ、一〇〇点満点をつらぬかなければ絶対にダメだということです。一〇〇点満点のサービスをしつづけ、一〇〇点満点の信頼を得つづける。そうじゃないと経営なんかうまくいくはずがない。なにか困難があったらイチコロでつぶれます。

偉大な経営者といわれる方々は、間違いなくそういう道を歩まれてきたんだと思います。みなさんだって、あの人たちとおなじようにやれないという道理はない。

小さいとか弱いとか悩むまえに、まずは心から信じられる理念を構築しましょう。それさえあれば、きっとどこでもだれとでも戦えるようになります。町のちっぽけな商店には、その優位性があり、ポテンシャルがある。

これはどんな業種だっておなじです。

魚屋でも、八百屋でも、文房具屋でも、書店でも、オモチャ屋でも、全部おなじです。自分が小さいから弱いと思い込んで、思考停止してしまい、大きな波にさらわれてしまう。そんなのつまらないじゃないですか。

固定概念をぶち破ってください。

大企業とか、でっかい競合相手と争わなければならない場面に遭遇したとき、活路を見いだすには、まず相手と自分との差異に気づくことです。どのような違いがあるのかが明確になれば、必ずどこかに優位性を発見することができる。差別化が図れるんです。

たとえば、所帯のでかい店だと売り場ごとに店員が違ったり、異動があったりして、なかなか顔なじみになるというわけにはいきませんが、ちっぽけな店ならいくらでも融通が利くはずです。お医者さんでいうところの「ホームドクター」みたいな存在になれる。だったらそうなりましょうよ。自らの存在を特化させていきましょうよ。そうできたなら、おのずと道はひらけるんじゃないでしょうか。

兵どもが夢の跡

「カデンのエトウ」の売り上げはその後も上昇をつづけ、気がついてみれば、ヤ○ダ電機来襲の以前と遜色のないところにまで復活を遂《と》げていきました。

日々の真剣な仕事ぶりが、地域のみなさんに再評価されたんです。日々、家電のレスキュー隊としての役目を一〇〇点満点でやり抜いていれば、必ずや勝てる。もはや、だれがどう攻めて来ようが恐るるに足らない、私たちはそんな心境でした。

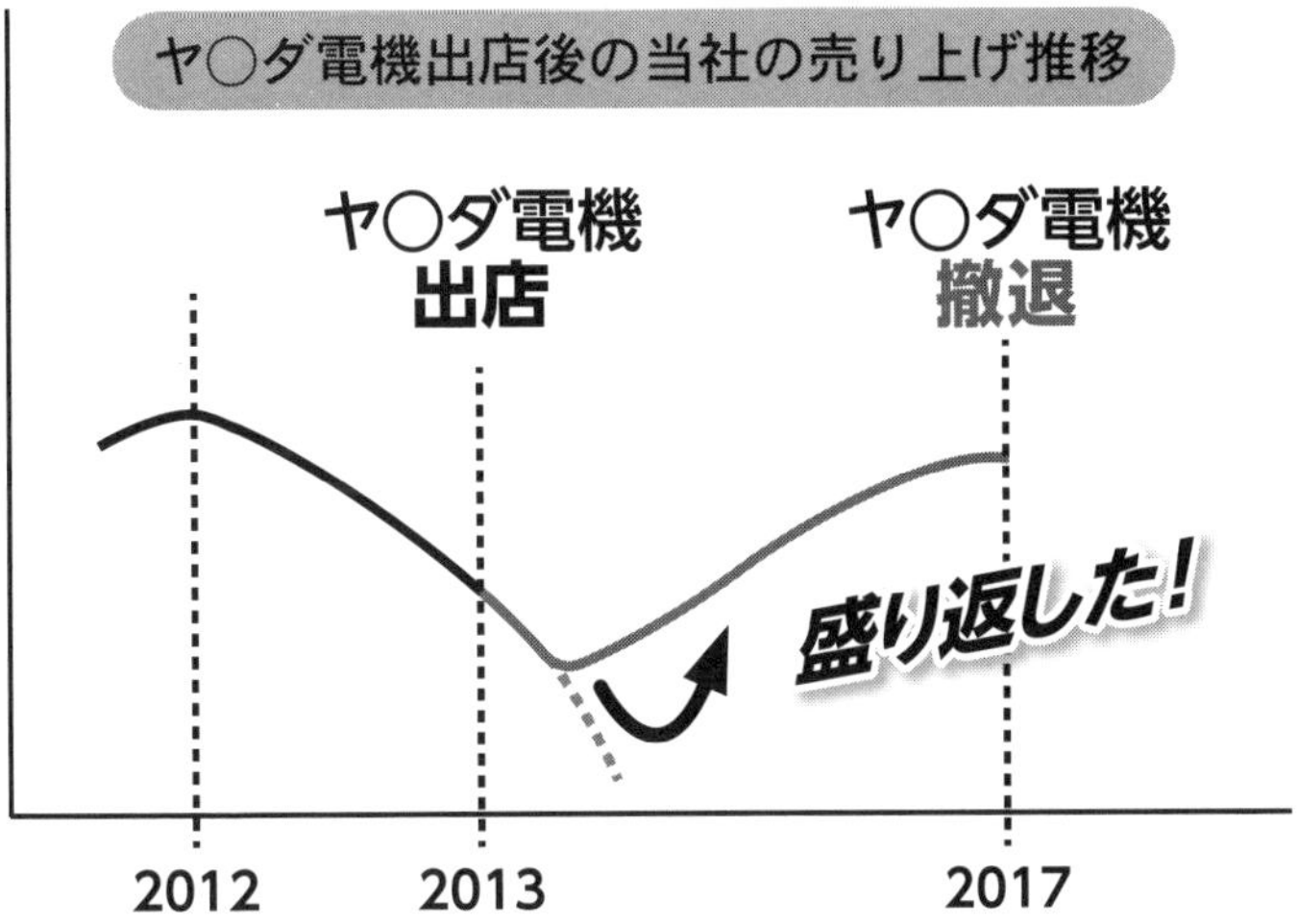

なんと、ヤ〇ダ電機出店以前のレベルにまで売り上げが復活！

結局ね、お客さん。ぜんぜんまわりなんか関係ありませんでした。そんなもんに左右されちゃいけない。自分が揺るぎない存在であれば、どんな状況だって生き残れるんですよ。

大事なのは、常日頃から自分が自分であるための準備を怠らないことだと思います。朝から晩までアイデンティティを磨きあげ、ミッションを叩き込み、経営理念を深く浸透させる。徹底的にくり返し、しつこく、腹に落とし込んでいく。

すると、それがいざというときほど、窮地であればあるほど、恐ろしいくらいのパワーとなって自分たちを、会社を、社員たちを支えてくれるんです。

巨人撤退——すべては経営理念をまっとうした結果

二〇一七年——。

朝、新聞を読んでいると、ある一枚のチラシが目に留まりました。少しだけ読んで思わず、やれやれ、と肩をすくめました。うちの目の前のヤ〇ダ電機が「閉店セール」を催すという内容だったんです。

なんで「やれやれ」なのかわかります?

要するにね、これもいわゆる「量販店あるある」なんですよ。ほら、紳士服業界とかでほとんど一年中ぐらいの勢いで「閉店セール」をやりつづけてるじゃないですか。延々と「閉店セール」が終わらなくて、で、よくよく見れば、暗号かというほどわかりにくいちっぽけな文字で、「店内改装のため」とか、「レイアウト変更につき」とか言い訳が書いてあるというね。そういうのが、いつしか家電量販店でも流行りだして、みんなけっこう節操なく真似していた。

いま、やっぱりモノあまりの時代で、消費者がモノをほしがらなくなっています。だから、なかなか商品が売れない。ただ安い安いで売ろうとしても、みなさん大安売りに慣れてしまっていて、安さが感じられないんです。すでにおなかはいっぱいなので、なんらかの「理由」がそこにないかぎり人の心は動きません。本当に今日が買いどきなのかとか、明日はもっと安いんじゃないかとか、消費者はいつもずっと迷っている。

だから、安さに理由をつける、買う理由を与えるわけです。「閉店」というマジックワードをひと言添えることによって、「処分市みたいに捨て値で売るのかなぁ」とか、「閉店って、ちょっと気の毒だから買ってやるか」とかね。まあ、要するにイリュージョンというか、手品みたいなもんですよね。

でも私、あの閉店商法っていうのはよくないと思うんです。とても賛成なんかできません。たいして必要のないものを、おなかがいっぱいなのに無理やり買わせるわけですからね。いまはコンプライアンスとかいろいろうるさいので、さすがにあまり見かけなくなりましたけど、でも当時はそういうのがけっこう盛んで、だから肩をすくめて「やれやれ」と思ったわけです。

で、それから二、三日後の夕暮れどきでした。

「タケツグ、これ見ろや」と取りつけ工事から店に戻ってきた兄が、新聞を投げて寄こしたんです。すぐに踵《きびす》を返して店を出たその背中からは、なにも読みとれません。なんだろうと思って内容に目を通したところ、ヤ○ダ電機がうちの店の前から撤退するという記事が載っていました。

……そっか、あの「閉店セール」って本当だったんだぁ、とぼんやり思いました。

ぼんやりしたまま店の外に出ると、兄がポケットに手を突っ込んだまま、黙ってヤ○ダ電機をながめていました。私もその隣に立ち、夕焼けに照らされたその大きな建物を見つめました。ふたりはずいぶんと長いあいだ、そのまま動きませんでした。


それから約一週間後くらいでしょうか、本当の「閉店セール」がはじまりました。

客足はなかなか順調でした。さすがに私には直接いいませんが、町には、撤退を残念がる声がけっこうあったそうです。逆に、涙ぐみながら「エトウさん、よかったねぇ。つぶれなくてよかったわぁ」と私たちのサバイブをよろこんでくださった方もいました。

道を越えたすぐ目の前では、「閉店セール」と書かれた深紅のノボリが音を立ててはためいています。それを見る私の胸に去来したのは、ほっとしたような、でも虚《むな》しいような、さまざまな感情がない交ぜになった想いです。否応もなく、この間に起きたさまざまな出来事が脳裏によみがえりました。つらかったことや、うれしかったこと、多くの方々の顔が浮かんでは消え、また浮かんでは消えます。

魔の黒船来襲から約四年——。ついに戦いに終止符が打たれたわけですが、感動のフィナーレとはほど遠い、あっけない幕切れでした。あっけないけれど、決して忘れることのできない、私にとってはそういう思い出となりました。

町の小さな電気屋に過ぎない「カデンのエトウ」が、日本最大級の超大型量販店を向こうにまわして、数年間にわたって戦いつづけ、どうして生き残ることができたのか。その答えは、ここまで聞いてくださったお客さんには、もうおわかりですよね。

私たちは、電気屋とレスキュー隊を合体させ、家電のレスキュー隊をつくりあげました。そしてその理念を愚直に実行しつづけました。漁師であれば、魚を食卓にとどけるための最善の策を考え、それを実行する。医師であれば、ケガや病気から人命を守る。警察官は、暴力などの不正義から人々を守る。うちのスタッフたちもまた、一人ひとりが自分のやるべきことをしっかりと理解してくれていました。だから生き残ることができたんです。

まずは、最後まで信じられるアイデンティティを確立し、そこから生まれたミッションを自らにインストールする。さらには経営理念として発展させ、社員全員の腹の底にとことん落とし込む。

あとはもう、それを信じつづけられるかどうかです。

苦境のときというのは、「理念とかいってる場合じゃねーし」みたいな感じで、ついあとまわしにされてしまいがちですが、それは違います。むしろ逆に、きびしい状況のときほど理念をつらぬき通してください。そうすればきっと道はひらけるはずです。

巨大フランチャイズへの問題提起

兵《つわもの》どもが夢の跡とでもいうんでしょうか——ヤ○ダ電機がいなくなったあと、われわれ「カデンのエトウ」一同の胸には、なんともいえないやりきれなさが残りました。あれはなんだったんだろう、という釈然としない思いがどうにもふり払えないんです。

そもそも、なぜ彼らは撤退したのでしょうか。

別にね、私たちに恐れをなして逃げだしたとか、そんな話ではぜんぜんありませんよね。

確かに、私たちががんばり抜いたことで、向こうの利益もほんの少しばかり減るには減ったでしょうが、超巨大グループ全体からしてみれば、しょせんはアリのひと噛みみたいな話です。

真相は、単純にこういうことだと思います。当初予想していたより利益が薄く、また今後の発展性も見込めそうにないから、市場としての価値に見切りをつけて引き払ったと。

でも、それってあまりに無責任じゃないでしょうか。

だってお客さんたちは、ヤ○ダ電機がきたというんで、大よろこびして商品を買ったわけです。その動機としては、やっぱり「近所にある」ということにメリットを感じたからだと思うんです。それなのに、わずか四年で撤退されたのでは、いくら商品保証が生きているとはいっても、さすがにお客さんは納得がいかないでしょう。近くに商品を買った店があるのとないのとでは、利便性がぜんぜん違いますからね。

ましてやですよ、ヤ○ダ電機出店は、わざわざ地域ナンバーワン店である「カデンのエトウ」のすぐ目の前に出店してきたわけです。そんなことをすれば、うちが経営的にダメージを受けて倒産するかもしれないなんてことは、ふつうに予想できたはずです。それを承知で、市場を横取りするような商売をしておいて、儲からないから、はい、さようならというのは絶対に間違っています。

私には、今回のことがお客さんにとって幸せだったとは、とても思えない。

もし仮に「カデンのエトウ」がもちこたえられずに倒産し、その後、ヤ○ダ電機までもが儲からないからといって撤退したら、近隣の人々はかなりの不便を強いられたに違いありません。事実、全国の地方の商店街などが、大手フランチャイズの一連の戦略によって、似たような惨状に見舞われているわけです。

家電業界にかぎらず、昨今における巨大フランチャイズのやり方には、本当に賛同できません。ライバル店になり得る、既存の小さな商店を資本力で圧倒し、多くの場合、経済原理の宿命とはいえ倒産にまで追いやり、そのうえ、思うように売り上げが上がらなければ、さっさとその地域から撤退してしまう。

そして、あとにはなにも残りません。こうした焼き畑農業めいた戦略には、そこに暮らす人々の暮らしに責任をもつという視点が、決定的に欠けていると思うんです。平穏だったはずの地域の人々の暮らしを、致命的に破壊しかねない、下手をすれば過疎化を招くような、恐ろしいやり方ではないでしょうか。

地域から豊かさを奪いかねないような、お金儲けありきの手法は、結局はなにも生みだしません。大企業も、そろそろ根本的に変わらなければいけない時期に差しかかっているのではないかと、私はそう思います。

お客さんへの提言──「徹底できる」会社が強い

ちょっと厚かましいかもしれませんが、これは私からお客さんたちへのお願いになります。

「大きいから強い」「小さいから弱い」は単なる思いこみです。だから惑わされないでください。強さとは、会社の大小ではなくて、要は「徹底できるか」なんです。徹底できるかできないかは大きさに関係ありません。ぜひ、そのことを頭のすみっこにでも置いていただけないでしょうか。小さな店だからというだけで、ダメだとか劣っているとか不安だとか、そんなことは絶対にありません。小さくても徹底できる会社はある。

逆に、大手だからといって必ずしも安心ではないことを、どうかご理解ください。

両者を公平な目で見くらべて、適正な評価をしていただけたら、きっと新しいなにかが見つかるはずです。高いとか、安いとか、よそとくらべているだけの相対的なキャッチコピーやスローガンをよく見聞きしますが、それ自体にはなんの価値もないものとして、右から左にスルーしちゃってください。あんな測定できないような宣伝文句は聞くに値しないと思います。

何度でもいいます。

「徹底できる会社」が強いんです。

家電のレスキュー隊は、アンパンマンです。とことん地域の暮らしの安心に貢献する覚悟です。「あのう、これ、ヤ○ダ電機で買ったモノなんですが、ここで修理してもらえますか？」なんてお客さんがよくいらっしゃいますが、当たり前です。よろこんで承《うけたまわ》りますよ。地域のみなさんのお役に立てることであれば、決して労は厭いません。

おなじように、地域の役に立ちたいと願い、その土地に根ざしてがんばっている中小企業はとても多い。大手だからとか、フランチャイズだからとか、ただそれだけで安心してしまうのではなく、周囲を見わたし、地道にがんばっている個人商店のポテンシャルを信じていただけたなら、こんなにうれしいことはありません。

第6章
未来への挑戦

その後の「カデンのエトウ」

あの出来事から、はや数年が経ちました。

小さな町の電気屋が、ヤ○ダ電機の脅威に打ち勝った的な話は、やっぱりインパクトがあるんでしょうね。いまでも業界では知る人ぞ知る語り草になっていて、経営者の集まりとか商工会とか、いろんなところでその話題が浮上します。

ジャイアント・キリングの秘策とは？

業界の方たちは、興味津々《きょうみしんしん》といった感じでみなさん一様に、「スゴイですね！」「ジャイアント・キリングじゃないですか！」「どうやって返り討ちにしたんですか？」などとお尋ねになるんです。

そんなとき私は、いつもこう答えます。

「経営理念の実践です」

するとね、だれもが不思議そうな表情をしたあと、「いやいやいや、そういう話が聞きたいんじゃなくて……」と苦笑いを浮かべるんです。要するに、彼らが聞きたかったり知りたかったりするのは、わかりやすい手段でありテクニックなんですね。

　でも、別に私は、冗談をいったつもりもなければ、建て前を述べているわけでもない。ただウソ偽りのない真実をいってるだけです。地域の人々の生活を守るという理念、それだけを忠実に実践したからこそ、「カデンのエトウ」は踏みとどまれたし、生き残ることができたに過ぎません。

　だからそう正直に話すと、たいていは懐疑的であったり、否定的な反応が返ってくるんですね。

「そんなね、『理念』なんかで飯が食えたら、だれも苦労しないよ」

「どんなに立派な『理念』を掲げてても、つぶれる会社はつぶれてるでしょ」

「ほんとはもっとすごいノウハウがあるんじゃないの？　もったいぶらずに教えてよ」

　みなさん、ガッカリ感まるだしにして、口々にそうおっしゃる。でも、私は逆に聞きたい。たとえば、なにか商売敵をやり込める裏技とか、そんな普遍性のない話のどこがおもしろいのでしょうか。手段とかテクニックとかは、うまくいくときもあれば、失敗するときもあります。当然、相手によっては通用する場合と、そうでない場合も出てくる。

　でも、経営理念の素晴らしさは、その「普遍性」にあります。だれもが使えて、どんなときでも、どんな相手にも通用する。こっちのほうがずっと学びとしておもしろいと思うのですが――。

オチみたいな話

ヤ○ダ電機の一件については、こんなこともよくいわれました。

「いやあ、ヤ○ダ電機が撤退して助かりましたねえ！」「目の上のたんこぶが取れてもう安泰じゃないですか！」って。

ところが、実際にはちっともよくなかった。私もはじめのうちは、これで枕を高くして眠れるとひと安心してたんです。常識的に考えて、ヤ○ダ電機がいなくなれば、そのぶんの売り上げがこちらに流れてくるだろうと。でも、あとになってそれが間違いだということに気づきました。

皮肉なもので、ヤ○ダ電機が撤退してから、売り上げがじわじわと下降しはじめたんです。これには頭を抱えました。だって変ですよね、ヤ○ダ電機に攻められてるときは売り上げ好調で、撤退したら落ちましたなんて、どんなオチなんだっていう話です。

（どうしてそうなるんだろう……？）

で、考えていくうちにあることに気づいたんです。要は、緊張感の問題なんだと。ヤ○ダ電機という目の前にある脅威が、私たちの生存本能にスイッチを入れてたんですね。

やっぱり目の前に脅威が迫っているという状況は、危険ではありますが、別の側面から見れば、その存在のおかげで緊張感を保つことができる。死にもの狂いで助かる手立てを考え、なんとか生き延びようとします。おそらくそのときにはものすごい量のエネルギーが身体中を満たしていたはずです。

しかし、その脅威も去って数年経ったいま、当時の緊張感はなくなって気持ちがゆるみがちになってしまった。当時とおなじように日々を懸命に突っ走ってるつもりでも、意識の奥のどこかにあまえが生じているのかもしれません。いずれにしても、あの頃より「カデンのエトウ」が弱くなってしまったのは確かなようです。

成長には痛みがともなう

いま感じるのは、世界の複雑さです。もし、ヤ○ダ電機が進出してくると知ったあの日、神さまがそばにきて耳元で「ヤ○ダ電機が来ないようにしてやろうか」とささやいたら、間違いなく私は「お願いします」といっていたでしょう。でも、いまの私ならば、もしかしたら断わるかもしれません。

あのときの貴重な経験がなかったら、たとえ一時的に売り上げは落ちているにせよ、私たちはここまで成長できませんでした。家電のレスキュー隊というアイデンティティを、いまほど磨き上げることはできなかったはずです。なので、この頃では、彼らが撤退せずに残っていてくれたほうが、私たちにとってはよかったんじゃないかとさえ考えてしまうんです。

最も危険なのは、緊張感を失うことかもしれません。人間というのは弱い生きものですから、どうしても痛みから逃げてしまう。けれども、成長には必ずや痛みがともないます。だから痛みから逃げず、恐れず、絶えず挑戦しつづけることが大切だと思うんです。

以前、ある人からこんな話を聞いたことがあります。

ナマコを獲る漁師の話なのですが、ナマコは生け捕りにして水槽に入れておいても、港に戻る途中でみんな弱って死んでしまう。それを防ぐために漁師たちがなにをするかというと、ナマコの天敵であるカニを一匹水槽に入れるんだそうです。するとナマコは、いつカニに襲われるかわからないので緊張で神経が張りつめている。だから死なない。今回のことは、それとおなじなんじゃないかと思います。

いまの状態はまさに、ヤ○ダ電機というカニがいなくなった状態なんですね。いつ食われるかわからないという緊張感から解放されてしまっている。そこをどうやって引き締めていくかが、今後のいちばんの課題だと思っています。

町の電気屋VS巨大量販店VSネット販売

ついいましがた「敵がいなくなって、ぬるま湯なんですわ」みたいな話をしたばかりですが、歓迎すべきことに、実は、「第二のヤ○ダ電機」がさらに巨大なアゴをひろげて待ってました。

アマゾンをはじめとする「ネット販売」です。家電業界という水槽に、巨象さえもひと飲みにしかねない怪物ガニが放り込まれた、というのが、現在の新たな勢力図だとご理解ください。

「じゃあ、エトウさんも今度こそ一巻の終わりだな」なんて思われるかもしれません。なにしろ相手は、世界の頂点に君臨する多国籍企業。うちとの規模の差は、シロナガスクジラとオキアミとか……もはや適切な比喩がいっさい思いつかないほど、とにかく超巨大な相手ですからね。

でも、私たち町の電気屋にとっては、意外に戦いやすい相手じゃないかと思うんです。ある分野においては勝機も十分にあります。価格的には割高になるものの、買うときの安心感、アフターサービスという点において確実に勝っているからです。つまり、きっちりと棲み分けがしやすい。「町の電気屋さんの優位性とポテンシャル」ってやつですね。

家電というものは、人がつくったものである以上、いつか必ず壊れます。家電があるかぎり、修理やメンテナンスが必要になるんです。いまこの瞬間も、間違いなくどこかで家電が故障しています。

この先もテクノロジーはどんどん進化するでしょう。多くの分野でＡＩ化やクラウド化が進み、時代や人のあり方も、大きく変わっていくに違いありません。それでも人の暮らしがあるかぎり、家電がなくなることは絶対にないんです。むしろ、どんどんとおもしろい、これまでだれも想像しなかったようなスゴい家電が次々に登場するはずです。であれば、家電のレスキュー隊の出番も決してなくならないと、私はそのように確信しています。

ガンバレ！　大型量販店！

一方でむしろ苦しくなるのが、スケールメリットで価格勝負してきた大型量販店でしょうね。スマホの画面を指一本で「ポチ」れば、翌日には商品が送られてくる手軽さは脅威ですし、商品のバリエーションだって量販店の比じゃありません。

また、安さでいっても人件費、光熱費といった固定費のかからないネット販売には、とてもかなわないでしょう。つまり低価格という最大の武器が通じない相手なんです。今後、彼らは、相当にきびしい戦いを強いられるはずです。

ちなみにですが、大型量販店という業態は、もはや私たちの競合相手ではないのかもしれません。「圧倒的物量 VS 地域密着型サービス」という構図の中では、量販店はどちらにも特化しきれていない部分があります。どっちつかずなんですね。このままでは早晩、淘汰《とうた》されてしまうことになるでしょう。

でもね、家電をこよなく愛する私みたいな人間からしてみれば、やっぱりそれは寂しい。大きな量販店に遊びに行って、きらびやかな店内にディスプレイされた山ほどの家電に囲まれながら、いろいろと物色するあのゾクゾク感、ワクワク感は、決してネットでは味わえないものです。

売り場に足を運んで、実物をながめたり、手に取って試用したり……そんな素敵なカルチャーを失いたくはありません。どうにか生き残りの道を模索していただきたいものです。

いきなりなんなんだよ、と思われるかもしれませんが、「ガンバレ！　大型量販店！」とエールを送らせていただきます。

もちろん、私たち町の電気屋にだってきっとこれから、次から次へとさまざまな脅威や試練が立ちはだかると思うんです。でも、それを乗り越えるための方策は複雑じゃありません。ただ一点、これだけはなにがなんでも守り抜くんだという理念があれば、絶対に道はひらけるんだと、そう声を大にしていっておきます。

これからの展望

さて、ここからは未来について、夢について語らせてください。

やっぱり家電のレスキュー隊として地域を守っていくためには、新たな挑戦をつづけていかなければなりませんからね。核を核としてしっかり保つことと、進歩をつづけることとは、決して矛盾しないんです。いやむしろ、失敗を恐れず、新しい試みにチャレンジしていくことこそが、私たちの理念をつらぬくための唯一の道だと考えています。

そのひとつとしていま、ある計画を練っています。前にもお話ししたように「家電のレスキュー隊」というのは、うちの会社の登録商標なんですが、このビジネスモデルをよその地域の電気屋さんにもご共有いただけないかな、と。

やっぱり私としては、地方の中小零細企業にがんばってもらいたい。田舎の商店に元気をお裾分けしたいという思いがあります。だから、もし、「カデンのエトウ」の経営理念やコンセプトにご賛同いただけるならば、ともに地域に根ざした会社として手を取り合っていきたいんです。そこを皮切りに、さまざまなことで協力し合えれば、日本の未来は、世界は、もっともっとよくなるはずです。

町の商店が団結することで、小さな会社こそが地域になくてはならない存在であることを強くアピールし、相乗効果的に元気になって、いまの日本の閉塞した経済現状を打破していければなと考えています。

家庭用太陽光発電の現在

現在、最も心血をそそいでいるのは、再生可能エネルギーの事業です。太陽光発電の普及を目指すことで、佐伯市の発展に寄与したい。そこから出発して将来的には、世界中をクリーンエネルギーで満たしたい。

これが私の新たな夢です。

前に、店内の空きスペースを利用して、太陽光発電の新規事業をはじめたといいましたが、まさにあそこが出発点になります。「そもそも、太陽光発電ってなに?」という方もいらっしゃると思いますが、まっ、簡単にいっちゃいますと、太陽の光で電気をつくる発電システムですね。そしてその電気を、蓄電、売電するわけです。自然の恵みを利用したエコ・エネルギーですので、これだと原子力や石油燃料に頼らないですみますし、当然、地球温暖化対策にも有効です。

いまの技術ってすごいんですよ。ひと昔前のものとはわけが違う。「ハイブリッド太陽電池パネル」というんですけど、発電と熱利用が同時に行えます。つまり電気をつくりながら、それと並行して太陽熱でお湯なんかもわかせてしまう。

たとえば、愛知県にある「ハイブリッド太陽電池研究所」という会社が販売している太陽光パネルは、発電劣化がほとんどなくて、しかも温水製造部の材料寿命は約五〇年といいます。最先端の技術がどんどん投入されてる分野ですので、今後いっきに普及していくに違いありません。

(ハイブリッド太陽電池研究所株式会社ホームページ:http://www.photo-hybrid.co.jp/products/)

事実、環境や人にやさしいということで、二〇一一年の原発事故をきっかけに、一般のご家庭での需要もずいぶん増えました。家庭用太陽光パネルを導入して得られるメリットは、次の四つです。

①自家発電する。
②発電した電力を家庭で使う。
③使いきれなかった電力を電力会社に売り、利益を得る。
④蓄電池に充電しておけるので、災害時に強い。

とりあえず、すごくいい話だということはおわかりいただけたかと思います。あとはまあ、費用対効果ですよね。いまはかなり導入しやすくなっていて、ちなみに「カデンのエトウ」であれば、販売と施工が両方できるので、相場よりかなり安い価格での導入が可能です。固定価格買取制度で、一〇年から二〇年間は電力の買いとりが保証されるので、少なくとも当面のリスクもありません。

しかもですよ、お客さん。いまなら太陽光発電設備システムが無料でもらえるプランだってあるんです。「初期導入・工事費」「ローン負担」「リース料」「維持メンテナンス費」がすべてゼロ円。原子力発電所の廃炉コストなんかで、これから否応なく値上がりしていくであろう電気代も、もちろんタダになります。発電と並行してお湯だってわかしてくれるし、利益を生むことだって可能だし、地球環境にも貢献できるんですから、ほんとにいいことずくめです。これから間違いなく主流のエネルギーになっていくでしょうね。

こういう技術がどんどん広まって、近い将来、自家消費可能なオフグリット（電力会社不要）の家が増えていけば、あの原発事故のような不幸はくり返さずにすむはずです。かけがえのない地球の未来のため、みなさんのお財布のため、私は、今後も太陽光発電の普及に情熱をそそいでいく所存です。

もし興味がおありでしたら、ぜひ一度うちのホームページをごらんください。

（「カデンのエトウ」ホームページ：https://www.e-kaden.co.jp/generation/891/）

太陽光パネルの下でブルーベリーやコーヒー豆の栽培!?

実はですね、私が取り組んでいる太陽光発電は、家庭用だけじゃないんです。さらにもっと規模の大きなものも手がけている。なにせ、佐伯は土地がいっぱいありますから、太陽光発電を普及させるにはぴったりなんですね。

ほら、地面をまるで黒い畑のようにソーラーパネルが覆っている光景を見たことってありませんか？　あれって考えてみたら、かなりもったいないと思うんです。だって地面スレスレに設置されているパネルの上は、はるか上空まで自分の領有区域なんですよ。それなのに空は有効利用していません。鳥や虫が飛ぶための空間でしかないわけです。

だったら、そのソーラーパネルを地面から何メートルか上にもち上げて、その下にできた土地と空間をなんとか有効利用できないもんか――。

いろいろ考えていたら、世の中には似たようなことを考える人がいるんですね。それがブルーベリー栽培だったんです。

「えっ、でも太陽光パネルの下っていうことは、日が当たらないから作物なんて育たないでしょ」とふつうは思いますよね。でも、日が当たらなくても、ブルーベリーとかコーヒー豆は育つんですよ。この特性をうまく活用することで、農業と発電をおなじ土地でやってしまおうというのが、いま、私が取り組んでいるソーラー・シェアリングというシステムなんです。

愛知県岡崎市にある「ブルーベリー観光農園」では、このビジネスモデルで年間二〇〇

○万円の収益を上げているとも聞きますし、「長崎ハウステンボス」でもおなじ取り組みがはじまっています。

上で電気をつくって、下で作物を収穫しようという、この一石二鳥方式。なんだかむずかしそうに思えるかもしれませんが、ぜんぜんそんなことはありません。初心者にもやさしいのが、この農業の特徴なんです。

私は現在、ブルーベリーを栽培してるんですが、農業経験ゼロの私でも十分にやっていけてます。なにせ「土いらず」「経験いらず」「労働いらず」のゼロ×3で育てられるので、ほんと簡単なもんです。

パネルを支えている金属製の柱を使って、ネットを張りめぐらせれば、鳥や虫、害獣よけになりますし、クワをかつぐ必要もなければ、長靴もいらない。しかも、ブルーベリーがめちゃくちゃあまくて大粒で美味しいので、だんだん愛情がわいてきて、育てるのが楽しくなってくるんです。

「でも、収穫が面倒くさそう」なんて心配もご無用——。収穫時には、家族づれなんかを招いてのブルーベリー狩りを企画すれば、収穫もしてもらえるし、さらに収入にもなるというわけです。

佐伯式ライフスタイルへの招待

お客さん、どうでしょう。最先端の太陽光発電と、手間いらずでおしゃれな農業のダブルインカム。かなり魅力的だとは思いませんか。

そこで提案なんですが、実は、私はいまこのビジネスモデルに参加してくれる同志を探しています。で、いきおい、この佐伯市に移住してくれたらなぁ、なんて真剣に希望してるんです。

日頃は、リモートワークで都会とつながりながら仕事をして、ついでに田舎で得た広い土地で発電収入も得ながら、手のほとんどかからない農業をやる。お子さんがいれば、自然に囲まれた環境で子育てができますし、そこに生きる多種多様な生きものたちにふれさせることも可能です。

毎日、満員電車に揺られて会社に通い、いつも仕事に追われて、挙句の果てには子どもの参観日や運動会にも行けない。そんな日々とはスパっとおさらばして、時間的にも余裕があって、ペットも好きなだけ飼えるような、広々とした空間の中でのびのび暮らせるような、そんなとびっきりのライフデザインをともに構築してみませんか。

というのが、私からの真面目な申し出です。

佐伯市というところは、ほんとに素晴らしい楽園です。自然があふれていて、とくに海の幸が豊かなことで有名で、お魚とかお寿司は絶品です。ラーメンがめちゃくちゃ美味しいのもそのためなんですね。しかも、うまいものをめちゃくちゃリーズナブルに食べられる。景観だって恐ろしいほどきれいで、マジで日本かよと思うような絶景だらけです。

いま佐伯市では、都会からの移住サポートを手厚くしており、補助金などもさまざまに用意されてます。物価が安いので、マイホームがほとんどタダみたいな価格で手に入るうえ、新築や中古住宅の購入費、住宅改修費、さらには、家財処分費や引っ越し費用、仲介手数料なんかまで補助してくれるそうです。医療や子育て支援にも力を入れているとのこと——。

ですから、どうでしょう。私の理念やビジネスに賛同してくれる人たちは、いっそここ佐伯に移住してみませんか。そして、一緒にこの町を盛り上げていってください。どうかよろしくお願いいたします。

（佐伯市移住者向けポータルサイト『さいき暮らしな日』：https://saiki-iju.com/）

きたれ、「カデンのエトウ」へ

私の個人的ミッションは、「人の成長に貢献し、ともによろこびを分かち合う」というものです。

やっぱり人間が大好きなんですね。

だから、ライフワークとしてるのも人材育成です。

最近では、これまで培ってきた経営ノウハウを武器に、支援活動やコンサルティングを行っていて、書道家アーティストやグラフィックデザイナーなど、その対象はさまざまです。大学生のための新規ビジネス起業支援なんかも、そのうちのひとつです。

そうした人材育成の一環として、本の出版ついでに「カデンのエトウ」で働きたい人を、全国から募集したいと思います。資格とか、年齢とか、性別とか、そういった細かいことはなにも問いません。条件はただひとつ、理念をまっとうする覚悟があるか。それだけです。

昨今ね、多くの人が、会社の選び方を根本的に間違ってると思うんです。

求人サイトなんかを見て、やれ給料はいくらだかとか、休日がどれくらいあるかとか、業務内容はラクそうかとか、そんな理由で働き先を探すのは、成功への遠まわりでしかありません。ほんと、不毛ですよ。

人員募集をかける会社なんていうのは、たいていが、とりあえず人材を集めたいから、まずは手っとり早く鼻先にニンジンをぶら下げるんです。「高給優遇」とか「残業なし」とか「福利厚生充実」とかね。でも、あんなもんは全部ウソです。全部はいいすぎかもしれないけど、求人サイトに書いてあるような給与が、実際に支払われることはほぼありません。そんなルアーというか、疑似餌《ぎじえ》みたいなものに食いついてしまうから、せっかく就職しても、結局は思惑がはずれ、つづかずにやめてしまうことになる。

やっぱり最も重要視すべきは、その会社でなにが学べるかじゃないでしょうか。たとえ、いっとき給料が安くても、休みが少なくても、学びを得ることがいちばんの成功への近道なんです。

だってね、英会話でも、ピアノでも、ダンスでも、学びを得るにはお金を払わなければならないじゃないですか。ところが、なにかを学ぶという基準で仕事を選べば、お金を払うどころか、逆に給料をもらいながら勉強ができるんですよ。だったら成功している人のそばで、成功のしかたをじっくり観察し、盗み、研究しましょうよ。こんな大チャンスを、お金のために棒にふっちゃいけません。

何度かお話しした私のメンターであるジェームス・スキナーさんは、「世界で唯一あまっているものがあるとすれば、それはお金である」と教えてくれます。みなさんが思うほど、お金そのものに価値はないんです。お金を通じて得られた「体験」や「経験」にこそ価値があり、そこに意味を見いだすことが大切です。だからお金自体に惑わされてはいけません。

それよりもまずは働きがい、生きがいを見つけてください。

私は、これまでふつうでは会えない方々とも知り合う機会に恵まれ、教えを受けてきました。ちょっと通常ではできないような経験もさせてもらいました。だから、経営だってビジネスモデルだって直接教えられる。素晴らしい人材へと成長する手助けができるはずです。

だから、私と一緒に世界を変えたい、家電のレスキュー隊に加わりたい、そう思われた方はぜひひご一報ください。

「カデンのエトウ」は、あなたの「ヴィジョン＝夢」を実現するための方法を知っています。そして、そのための仕組みが備わっています。これまでに構築した仕組みと知識で、ぜひとも、あなたの夢の実現をお手伝いさせてください。そして、一緒に成功していきましょう。

◆ご興味のある方はこちらまで◆
有限会社カデンのエトウ　江藤健続
・直通ダイヤル　090-4510-1619
・直通メールアドレス　taketsugueto@gmail.com

日々を大切に生きる

最後の最後で、お客さんを驚かすようなことをいいますが、実は私、脳出血で倒れる前に、もうひとつ健康上の問題を抱えていました。

一〇年くらい前にガンの手術を受けてるんです。

もちろん回復はしましたし、いまでもまめに健康診断は受けていますが、二度も死の淵に立たされたのは事実です。あらかじめ自分の死を予想して行動できるのは人間だけです。だからガンの一件があって以降は、自分が生きた証をどれだけ残すことができるか、それを前提とした生き方をしてきました。

死ぬこと自体はそれほど怖くありません。脳の手術を受けたときにも、そのことをあらためて実感しました。怖いことがあるとすれば、それは「やり残す」ことです。結果はどうであれ、全力で挑戦しつづける。ただ単に生きながらえることができたとしても、結局なにごとにもチャレンジしなかったという人生では、自分自身に対して申し訳が立ちません。そのことに気づけただけでも、私はガンという病気に感謝したいと思っています。なぜなら、死への覚悟も含めて、いろいろな心の準備ができたからです。

人間は遅かれ早かれ、いつか必ず死ぬわけですから、見方を変えれば、私たちの人生そのものが死ぬ準備だといえるのではないでしょうか。私たちは一日一日と、少しずつ死に近づいていています。その日、その日が、死ぬための準備と思えば気合いが入ります。なにをするにも真剣になるはずです。

前にナマコとカニの話をしましたが、カニは英語で「キャンサー」というそうです。ガンもまた「キャンサー」で、綴《つづ》りも「CANCER」でおなじです。そういった意味でガンは、ナマコみたいにふにゃふにゃした人間をシャキッとさせる、カニの役目を負ってるのかもしれない。そう考えたらおもしろいと思いませんか。

親しい人にはよくいうのですが、みんな一度ガンになったほうがいいんじゃないかと思います。不謹慎かもしれませんけど、半分は本気でそう思っています。

どうでしょう、お客さんも試しに一度ガンになってみませんか。もちろん必ず治るという前提ですが、真剣にそうオススメしたいです。なぜか——それは人生を真剣に考える、素晴らしいきっかけになるからです。時間が有限であることをひりひりと実感できるからです。人生における優先順位や、家族の大切さ、友人たちのありがたみが心の底からわかるからです。

だから思います。

ふにゃふにゃしてるくらいならガンになれ、と。

死というものをリアルに感じたとき、人間は、自分が本当に欲していたものがわかるといいます。自分はこれがやりたかったんだとか、これをやり残したまま死ぬわけにはいかないないなとか。物質的あるいは表面的なものじゃなくて、目に見えないより深い体験や経験のために、自分の残りの人生を捧げようとか、あるいは感謝すべき人に感謝を伝えたり、逆に謝るべき人にきちんと謝罪したりとか、そういうことを生きているうちにやっておこうという気になる。この本を書いた動機も、つまるところそこなんです。両親、兄、妻、子、「カデンのエトウ」のスタッフたちへの感謝や、自分が学んだことをみなさんにお伝えしなければという使命感が、今回の出版にいたる原動力となりました。

結局これまで生きてきて、私が大事にすべきだと思ったのは、自分自身のためだけに生きるのではなく、公のために生きなければということです。自分ひとりがいい目を見るのではなく、多くの人の助けとなって生きていく。なんだか歯の浮くようなセリフですが、まあ、最後なのでお許しください。

より多くの人と関わり、手を差し伸べたり、社会に貢献することで、自分がこの世界にいたんだという証、足跡を残したい。気がついたらアイツいつの間にかこの世から消えてなくなってた、というのはやっぱりちょっと寂しいと思うんですね。

そうやって今後、自分がやるべきことがなにかを考えていくと、自分の人生のスケジュールを俯瞰《ふかん》して見ることができるようになる。たとえ、いまが人生最悪のときだったとしても、その日、その瞬間ごとに最善を尽くしていけばいい。こうした積みかさねが、やがて人生を好転させてくれるんじゃないかと思っています。

人生も映画とおなじで、ただ長ければいいというものではありません。数十分の短編映画であれ、観る人の心を捉えて離さない、魂を揺さぶる作品はあるわけです。もし仮に一〇年後、自分の人生に幕を下ろすときがきたとしても、やるべきことはもうすべてやり尽くしたということだったら、私はよろこんで自分の運命を受け入れたい。最後の最後まで自分の頭で考え、自分の意思で行動し、たとえヨロヨロになっても自分の足で歩き抜いて、力尽きたところでジ・エンド。自分の人生の幕引きにしたいと思っています。

それまでは全力で生き抜いていく所存ですので、この本を最後まで読んでくださったお客さんには感謝を捧げるとともに、これをご縁に、新たな友情が育まれることを期待しつつ筆をおきたいと思います。

おわりに

時代の端境期《はざかいき》を迎え、これまで長きにわたって地域社会を支えてきた数多《あまた》の個人商店は、まるでその役目を終えたかのように、軒並み姿を消しています。

商店街はシャッターで閉ざされ、個性のある店はめっきり減りました。画一化されたチェーン店ばかりが、わがもの顔で幅を利かせるさまに、やるせない思いを抱いている方は多いはずです。

昨今、大型量販店やフランチャイズは、その資本力にものをいわせ、小さな会社や個人商店を一掃しながら出店をつづけています。そして利益が上がらないと察するやいなや、安易に撤退し、あとに取り残された地域はいっそう疲弊してしまう。まさに負のスパイラルであり、そんな状況が正しいはずもありません。

大きいものが必ず勝ち、小さいから負けるしかないという理不尽に、おそらくはだれもが不満を抱きはじめているのです。

ちっぽけな個人商店が生き残る術、私はそれを知っています。巨大量販店にも負けなかったぞ、という稀有《けう》な経験からも、自らの経営手法の正しさを確信しています。だとすれば、そのノウハウをみなさんに提供する責務が私にはあるはずです。

信念さえ曲げなければ、どんな困難もきっと乗り越えられることを、小さな会社の経営者さんたち、地方の疲弊に苦しむ仲間たちにお伝えしたい。大企業の提供するモノを妄信してやまない消費者の方々に、個人商店の魅力、ポテンシャル、その必要性をどうにか信じていただきたい。私はそんな思いから、本書の出版を切望するにいたりました。机上の空論ではない、読者が熱や鼓動を感じるような、読後に勇気がわいてくるような、そういう本になっていたら幸いです。

最後になりますが、第1章で、自分の名前が嫌いだったという話をしました。子どもの頃は、本当にコンプレックスでした。

できることなら、別の名前に変えてほしかったくらいです。でも、いまは違います。「健続」というこの風変わりな、まずほかにないような名前に誇りをもっています。

健康が続くと書いて、タケツグ。両親が、いつまでも長生きできるようにとの願いを込めてつけてくれました。幾度も大病をしてきた私が、いまこうして元気でいられるのは、きっとこの名前が守ってくれたからだと思います。最高にカッコいい名前だと、心の底からそう自信をもっていえます。

江藤健続――私にこんなカッコいい名前をプレゼントしてくれた両親に、あらためて感謝の言葉を贈ります。

どうもありがとうございました。

二〇二〇年八月吉日

有限会社カデンのエトウ　江藤健続

POINT 1
「小さいは強い」企業を組織する最重要ファクター

ここまで読んでくださったお客さんならわかるかと思いますが、企業の強さはアイデンティティとミッションの強さに直接比例します。企業の大きさは関係ないのです。この動画講座を見ていただいた方には、大企業すら打ち破る、鋼鉄のように強固なアイデンティティを確立させる方法をお伝えします。

POINT 2
大企業すら打ち破るマル秘テクニックのレシピ

本書でも、ヤ○ダ電機のような大企業と戦うために編みだしたマル秘テクニックをお伝えしましたが、これをそのまま真似するのはむずかしいかと思います。ですが、ご安心ください。この動画講座では、ミッションから逆算して“大手すら打ち破るテクニックを生みだす方法”をお伝えします。

POINT 3
私、江藤健続と直接つながれる特別なコミュニティのご案内

そして、希望者の方には、私、江藤健続と直接つながり、あなたが圧倒的な成果を出すのを妨げている“思い込み”をぶち壊していけるような、特別なコミュニティへご招待しようと考えています。私は、電気屋やラーメン店をはじめとする、さまざまな事業に携わってきた経験から、学校ですら教えてくれなかった“人が成長する仕組み”を理解しています。もっと自信をもちたい、絶対的に成長したい、そして、ギュッと濃縮された桁違いの人生を手に入れたいという方にはこれ以上ない環境となるでしょう……。

※なお、各情報は、参加された方から順番に公開していきます。登録した方は次々にブレイクスルーを起こしているので、ぜひ、お早めにご参加ください。

無料でいますぐ動画講座を視聴する

»»»

ここまで読んでくれたあなただけに
＼特別プレゼント!!／

ヤ◯ダ電機に勝った小さな町の電気屋さんが教える

やられっぱなしの小さな企業が大手に打ち勝つ唯一の方法 動画講座

この動画講座に登録をしてくれた方には、大手を足の裏から食い破るアイデンティティのつくり方、ミッションインストールのやり方、超具体的なテクニック、マインドセットまで、歳末出血大放出セールがごとく公開します（「アイデンティティってなんだっけ？　ミッションインストールってなんだっけ？」という方は、本書 56 ページ〜をごらんください）。

事業を経営されている方にとっては、この激動の時代を生き抜く道しるべが手に入りますし、いまは会社員の方にとっても、個人の看板で稼いでいくための羅針盤が手に入ることでしょう。激動の時代に飲み込まれない、常識破りな人生を実現していくための超重要なファクターをおわたしするので、必ず GET してくださいね。

江藤 健続（えとう たけつぐ）

1974年大分県佐伯市にて、地域いちばんの電気店「カデンのエトウ」を営む江藤家の次男として生まれる。現在は、社長を務める兄・和起と二人三脚で店を経営。電気のトラブルになんでも対応する「家電のレスキュー隊」として活躍している。地元・佐伯市の美しい自然環境や、そこに暮らす人たちをこよなく愛しており、地域の活性化や町おこしに、常日頃から積極的に邁進中。トレードマークの長髪で多くの人におぼえてもらいやすく、ヘヴィーメタルと、車のチューニングと、人と接することが大好き。だれとでも会話を楽しむことができるので、地域の人気ものとして知られている。なにより大切なライフワークは人材育成。投資型太陽光発電システムの施工販売（EPC）の開発にも精力的に取り組んでおり、最近では、未来に向けたクリーンエネルギーの普及に全力をそそいでいる。太陽光発電や家電製品のことなら、何時間でも話せてしまうが、つい話しすぎることで「空気が読めない」と思われることも少なくない。が、それにもめげず、地域をレスキューする電気店隊員として日々奮闘中。

常識をくつがえせ！　小さいは、強い
町の電気屋VS巨大量販店 1450日の攻防

2020年9月5日　初版第1刷発行

著　者	江藤 健続
発行者	津嶋 栄
発　行	株式会社フローラル出版
	〒163-0649 東京都新宿区西新宿1-25-1 新宿センタービル49階 ＋OURS内 TEL：03-4546-1633（代表） TEL：03-6709-8382（注文窓口） 注文用FAX：03-6709-8873 メールアドレス：order@floralpublish.com
装丁・本文・図版デザイン	斉藤よしのぶ
イラスト	長谷川いつか
編集	橋本慎弥
出版プロデュース	株式会社日本経営センター
出版マーケティング	株式会社BRC
印刷・製本	株式会社光邦

ISBN978-4-910017-06-8　C2034